Via Hildegardis

Rüdiger Schneider

Via Hildegardis

Von der Abtei St. Hildegard zum
Disibodenberg

Bibliografische Information der Deutschen
Nationalbibliothek: Die Deutsche
Nationalbibliothek verzeichnet diese
Publikation in der Deutschen
Nationalbibliografie; detaillierte
bibliografische Daten sind im Internet über
http://dnb.d-nb.de abrufbar.

Herstellung und Verlag:
BoD - Books on Demand, Norderstedt

ISBN: 978-3-7357-3875-2

Wegeskizze (nicht maßstabsgerecht)

Theophora Schneider, Abtei vom Hl. Kreuz
Herstelle, in Dankbarkeit gewidmet

Inhalt

Vorwort (zur dritten Auflage)

Ziemlich genau zwei Jahre sind nun seit Erscheinen der ersten Auflage von 2014 vergangen. Natürlich bleibt man dem Thema ‚Hildegard und der Disibodenberg' treu. Neue Wanderwege im Naheland wurden erprobt, Wege, die durch die Region führen wie auch lokale Trassen. Es bleibt beim Weinwanderweg, der sich enger an die Nahe schließt als etwa der hinterländische Nahehöhenweg, der erst ab Bad Sobernheim, also nach dem Erreichen des Disibodenberges, seinen Namen verdient. Zudem hat der Weinwanderweg meiner Erfahrung nach die bessere Infrastruktur (Bahnhöfe, Unterkünfte, Einkehrmöglichkeiten). Unverzichtbar schien mir auch die Felseneinsiedelei bei Bretzenheim und ganz besonders das Panorama am Rotenfels bei Bad Münster am Stein. Erweitert wird das Buch jedoch um eine sinnvolle Variante, die nach der Passage am Rotenfels über Sponheim und seine Klosterkirche führt. Auch die Richtung des Weges behalte ich bei, also von Eibingen über Bingen zum Disibodenberg, zum Ursprung des Wirkens von Hildegard. Selbstverständlich kann man auch in anderer Richtung laufen. Das wird individuell verschieden sein. Ich hatte jedenfalls die Erfahrung gemacht, dass der

Disibodenberg als Ziel ein ganz besonderes Pilgergefühl bewirkt. An keinem anderen Ort werden meinem Empfinden nach Vergangenheit/Vergänglichkeit und eine gleichzeitig lebendige Gegenwart so anschaulich.

Was die Hildegard-Forschung betrifft, hat die Heinzelmann-Lektüre einen gewissen Einfluss gehabt [siehe Anhang ‚Literatur']. Josef Heinzelmann ist derjenige, der Niederhosenbach als den wahrscheinlichen Geburtsort Hildegards entdeckt hat (Fund einer Kopialurkunde). Niederhosenbach liegt ein paar Kilometer nördlich von Idar-Oberstein und gehört enger zum Bereich des Disibodenberges als etwa das hessische Bermersheim, das zuvor als Geburtsort Hildegards im Spiel war.

Man könnte also die ‚Via Hildegardis' über den Disibodenberg hinaus zum Geburtsort Hildegards verlängern. Der Weg sei kurz skizziert: Auf dem Weinwanderweg nach Kirn. Von Kirn auf dem Nahehöhenweg nach Fischbach. Von Fischbach auf dem Saar-Hunsrück-Steig nach Herrstein und von dort auf dem Mittelalterpfad nach Niederhosenbach (entsprechende Wanderkarte siehe Anhang ‚Literatur'). Ich habe diese Verlängerung in beide Richtungen hin ausprobiert. Vom Disibodenberg nach Niederhosenbach und von Niederhosenbach zum Disibodenberg. Das intensivere Pilgergefühl stellte sich indes ein in der Richtung zum Disibodenberg hin, also von der schlichten, aber gleichwohl schönen Kirche in Niederhosenbach zu jenem besonderen Berg am Zusammenfluss von Nahe und Glan. Alle Wege scheinen zum Disibodenberg zu führen. Von Ost nach West wie bei dem vorliegenden Buch oder von West nach Ost wie bei dem jüngst erschienenen Pilgerführer ‚Auf den Spuren der Hildegard von Bingen – Ein Pilgerweg von Niederhosenbach zum Disibodenberg'. Wege und Richtung mag jeder selbst ausprobieren. Ob von der Abtei St. Hildegard zum Disibodenberg hin und eventuell weiter nach Niederhosenbach oder in anderer Richtung von Niederhosenbach zum Disibodenberg und eventuell weiter zur Abtei St. Hildegard bei Rüdesheim.

Pilgern ist der Versuch eines Verständnisses. Ich wurde oft gefragt: „Gibt es einen offiziell bestätigten Hildegard-Pilgerweg?" Ich kann darauf nur antworten: „Nein! Es kann nur sinnvolle Angebote geben. Selbstverständlich gibt es auch keinen offiziellen Pilgerführer. Pilgern ist eine persönliche Angelegenheit. Da gibt es nichts offiziell zu verwalten oder zu zertifizieren. Ein Zertifikat kann nur die Heilige Hildegard selbst ausstellen. Und die würde sich davor hüten. Solche Zertifizierungen bergen die Gefahr in sich, dass der Weg durch touristischen Rummel unleidlich wird. Dafür ist der Camino Francés (so genannter Haupt-Jakobsweg nach Santiago de Compostela) ein anschauliches Beispiel geworden. Wer auf dem Jakobsweg wirklich mehr das Pilgern liebt, weicht inzwischen aus auf die Vía de la Plata, den Camino Primitivo oder die Atlantik-Route. Im Prinzip beginnt jeder Pilgerweg vor der eigenen Haustür." In Anekdoten des Mittelalters wird dieser Standpunkt sogar noch deutlicher vertreten. So will sich zum Beispiel ein Mönch auf den Jakobsweg begeben und bittet den Abt um Erlaubnis. Der sagt: „Nein! Drehe eine Runde im Klostergarten und denke über Jakobus nach! Dann bist du auf dem Weg." Es geht also um Verständnis. Um Verständnis für die Spiritualität Hildegards, für ihre Perspektive der Welt als Kosmos, als Schöpfung. Hildegards Haus hat viele Türen. Ein offizielles Eintrittsportal gibt es nicht. So mag etwa der Weg durch eine wunderbare Natur eine dieser Türen sein. Dafür habe ich verschiedene Varianten erprobt und die nach meinem Empfinden schönsten Wege zum Disibodenberg ausgesucht.

Bad Breisig, August 2016
.

Hildegard schreibt auf Wachstafeln, Hildegard-
Gedächtniskirche St. Rupertus und St. Hildegard in
Bingerbrück

Hildegardskulptur, Eibingen

Hildegard von Bingen

Im Jahr 1098 wird Hildegard als zehntes Kind des Hildebert de Hosebach und seiner Frau Mechthild geboren. Mit ,Hosebach' ist Niederhosenbach (ein paar Kilometer nördlich von Idar-Oberstein gelegen) gemeint. Es ist der von allen Geburtsorten, die bislang im Spiel waren, wahrscheinlichste.

Möglicherweise führt die Zahl Zehn dazu, das Zehnte für eine geistliche Laufbahn freizugeben. Mit wahrscheinlich zwölf oder auch erst vierzehn Jahren kommt Hildegard in das Benediktinerkloster auf dem Disibodenberg. Hier lebt sie mit der sechs Jahre älteren Jutta von Sponheim und einer weiteren jungen Frau in Klausur. Der Tagesablauf folgt den Regeln des heiligen Benedikt. Nach dem Tod von Jutta von Sponheim wird sie 1136 die Magistra der Benediktinerinnen, die auf dem Disibodenberg neben den Benediktiner-mönchen ihr eigenes Frauenkloster haben.

Nach außen tritt sie erstmals in Erscheinung, als sie sich nach langem Zögern und großen inneren Kämpfen entschließt, ihre Visionen, ihre Schauungen aufzuschreiben. Diesem Hildegard-Bild wird man häufiger begegnen. Die Nonne, die auf Wachstafeln schreibt, während sich meist ein Licht- oder Feuerstrom aus einem Himmelsfenster auf sie ergießt. Sie schreibt in Latein. Der Mönch Volmar überträgt es auf Pergament und feilt an dem noch unvollkommenen lateinischen Stil. Nach fünf Jahren des Schreibens entschließt sich Hildegard, an Bernhard von Clairvaux zu schreiben, der als eine der größten Autoritäten im christlichen Europa gilt.

1147 findet in Trier eine Synode statt, auf der auch Bernhard von Clairvaux und Papst Eugen III. anwesend sind. Eine Kommission reitet von Trier zum Disibodenberg, um die visionären Schriften und ihre Verfasserin zu überprüfen. Es sind die ersten Texte des Buches ‚Scivias' (‚Wisse die Wege'). Das Urteil der Kommission fällt positiv aus, und Hildegard wird durch die Synode und durch päpstliche Autorität zur kirchlich anerkannten Prophetin. Das Kloster auf dem Disibodenberg wird zu einem viel besuchten Pilgerziel. Dass im 12. Jahrhundert eine Frau Visionen verkünden und Bibelstellen auslegen darf, ist absolut ungewöhnlich und sensationell. Denn Frauen hatten in dieser Hinsicht zu schweigen. Bibelauslegungen waren allein Männersache. Hier galt das Wort des Apostels Paulus: „Eine Frau soll sich still und in aller Unterordnung belehren lassen. Dass eine Frau lehrt, erlaube ich nicht." (Brief an Timotheus).

Es ist eine Situation, die lange bestehen bleibt und zu der noch einige Jahrhunderte später Teresa von Avila, die erste von der männlich dominierten klerikalen Welt anerkannte Kirchenlehrerin, sagt: „Die Welt irrt, wenn sie von uns verlangt, dass wir nicht öffentlich für dich [Gott] wirken dürfen, noch Wahrheiten aussprechen, um deretwillen wir im Geheimen weinen, und dass du, Herr, unsere gerechten Bitten nicht erhören würdest. Ich glaube das nicht, denn ich kenne deine Güte und Gerechtigkeit, der du kein Richter bist wie die Richter dieser Welt, die Kinder Adams; kurz, nichts als Männer, die meinen, jede gute Fähigkeit bei einer Frau verdächtigen zu müssen." [zitiert nach Erika Lorenz, Teresa von Avila. Eine Biographie mit Bildern. Freiburg, Basel, Wien 1994, S.17]

Mit ihren Visionen an die Öffentlichkeit zu gehen, war ein höchst risikoreiches Unterfangen, das mit Verhören und Verurteilungen hätte enden können. Zu dieser Zeit brennen schon die ersten Scheiterhaufen.

Hildegard beschließt ein eigenes Kloster zu gründen. Nach langen Auseinandersetzungen mit Abt Kuno vom Disibodenberg darf sie mit ihren Nonnen zum Binger Rupertsberg ziehen, den sie in „innerer Schau" als neuen Ort für eine Klostergründung gesehen hat. Hier befinden sich in einer Kapelle die Reliquien des heiligen Rupert. Die Lage, dort wo die Nahe in den Rhein mündet, ist ideal. Hier verlaufen die großen Handelsstraßen zwischen Köln, Mainz und Trier, und hier ziehen auch die Pilgerströme vorbei, als die Reise nach Santiago, der Jakobsweg, eine besondere Blütezeit erlebt. 1150 reitet Hildegard mit zwanzig Nonnen naheabwärts nach Bingen zum Rupertsberg. Als Äbtissin zieht sie in die Selbstständigkeit.

Pilgerin vor der Abtei St. Hildegard,
Rüdesheim/Eibingen

Klosterkirche, Abtei St. Hildegard, Rüdesheim/Eibingen

Von Zeitgenossen wird die Klostergründung auf dem Rupertsberg immer wieder als ein Wunder bezeichnet. Die Gegend ist unwirtlich, muss gerodet werden. Gebäude fehlen. Es ist eine „Stätte des Mangels". Die Anfangsjahre sind turbulent, von Not geprägt und auch von Zwistigkeiten. Doch dann im Laufe der Zeit blüht das Kloster auf und wird zu einem Kleinod an der Nahemündung. Weit über den städtischen Kreis hinaus ist Hildegard berühmt. Ihr Rat ist bei den Mächtigsten geschätzt, so etwa beim Kaiser Friedrich Barbarossa.

Mönch Volmar ist ihr auf den Rupertsberg gefolgt. Die Niederschrift der Visionen geht weiter. Die Benediktinerin komponiert, schreibt Lieder und Theaterstücke. Der große Kreis der Naturkunde kommt hinzu, insbesondere die Heilkunde und auf diesem Gebiet die Kenntnis von der Wirksamkeit der Kräuter. Es folgen die Niederschriften von „Der Mensch in der Verantwortung" und „Welt und Mensch". Sie verfasst auch eine eher legendenhafte Vita von St. Disibod und St. Rupertus. 1165 gründet sie auf der anderen Rheinseite in Eibingen ein zweites Kloster. Im hohen Alter noch geht sie auf Predigtreisen. um Volk und Klerus unerschrocken die Leviten zu lesen. Auch Bischöfe, Päpste und den Kaiser zurechtzuweisen scheut sie sich nicht.

Im für diese Zeit biblischen Alter von 81 Jahren schließt sie auf dem Rupertsberg am 17. September 1179 die Augen. Ihr Tod wird laut der später geschriebenen Vita von wundersamen Zeichen am Himmel begleitet, deren Zeugen nicht nur die Nonnen vom Rupertsberg sind, sondern auch das Volk von Bingen und Eibingen.

Für das Volk war sie immer eine Heilige. So finden sich Darstellungen von ihr nicht nur in Bingen oder Eibingen, sondern am gesamten Mittelrhein wie, um nur ein Beispiel zu nennen, in der Liebfrauenkirche in Oberwesel. Ein rasch eingeleitetes Verfahren zur Heiligsprechung wird jedoch hintertrieben. Nicht unbedingt, wie es eine feministische Perspektive glauben machen will, von einem männlich dominierten Klerus, sondern eher von ihren eigenen Nonnen, die den Rummel um Hildegard leid waren und ihre Ruhe haben wollten. 2012 aber wurde sie von Papst Benedikt XVI. heilig gesprochen und zur Kirchenlehrerin erhoben.

Die Faszination, die Hildegard von Bingen gerade auch wieder im 20. und 21. Jahrhundert ausübt, zeigt sich in Musicals, Filmen und Theaterstücken über sie. Und Eingang gefunden hat sie sogar ins Modedesign mit speziellen, anmutig femininen Kollektionen, eine Hommage an Hildegard von Bingen. Und die Faszination zeigt sich auch vor allem in dem fast unübersehbaren Komplex an Sekundärliteratur. In weiten Kreisen bekannt geworden ist sie wohl vor allem durch ihre Heilkunde, die von einem ganzheitlichen Menschen ausgeht, von einem Menschen, der Leib und Seele hat. Krankheit sieht sie nicht als Störfall einer menschlichen Maschine. Wer als Patient zu ihr ins Kloster kommt, erhält nicht nur einen Heiltrank, sondern auch verständnisvolle und barmherzige Zuwendung. Letztlich aber liegt es bei Gott, ob Heilung geschieht oder nicht.

Zur Faszination beitragen wird auch ihr geschlossenes, für das hohe Mittelalter typische Weltbild, die frappierende Sicherheit im Glauben und der leidenschaftliche Optimismus. Der Mensch ist noch in der Mitte des Kosmos und nicht heimatlos in einem sich endlos dehnenden Universum. Auch dies wird in einer mehr und mehr maschinenhaft und hektisch gewordenen Welt zu einer Rückbesinnung beigetragen haben. Was ist für einen Menschen wirklich wichtig? Um diese zentrale Frage kreist Hildegards Leben. Hier gibt sie unmissverständliche, eindeutige, mutige Antworten. Nicht der Mensch ist der Schöpfer des Kosmos, sondern eben Gott. Und der Mensch, als geliebte Kreatur, darf darauf antworten. Er hat die Wahl. So sperrig und in der Sprache für unsere Zeit ungewohnt Hildegards Werk zu lesen ist: Der Grundton ist immer der gleiche. Es ist ein Glaubensbekenntnis, eine Liebeserklärung. „Alle Harmonie des Himmels ist ein Spiegel Gottes, und Spiegel aller Gotteswunder ist der Mensch." Hildegard ist, man kann es nicht anders sagen, verliebt in die Schöpfung. Offen, warmherzig, verständnisvoll spricht sie auch im Gegensatz zum verklemmten Klerus ihrer Zeit über Sexualität. Alles ist gut, was Gott geschaffen hat. Der Mensch ist Wesen mit Leib und Seele, ist „opus Dei cum omni creatura", ist Werk Gottes gemeinsam mit aller Kreatur, mit der er als Mitwelt verantwortungsvoll und eben nicht ausbeuterisch umgehen soll. So lautet eine der Aussagen im ‚Liber divinorum operum' (Buch der Gotteswerke), das sie als 76jährige fertigstellt.

Das Pilgern wird nicht nur Entschleunigung bringen, sondern man mag sich auch individuell Themen aus dem Werk der Hildegard von Bingen suchen und sich damit befassen. Es können auch einzelne Zitate sein, die einen auf dem Weg zwischen Eibingen und dem Disibodenberg begleiten. Eine kleine, natürlich nicht repräsentative Auswahl findet sich im Anhang dieses Büchleins. Und man mag auch seiner Phantasie freien Lauf lassen und die Umwelt – Hildegard würde sagen ‚Mitwelt' – an Rhein und Nahe mit ihren

Augen sehen. Die Äbtissin vom Disibodenberg und dem Rupertsberg mag einen durchaus imaginativ begleiten. Als Reiterin entlang der Nahe. Als Frau, die Skandale provozierte, als Frau, die den Mächtigen mutig entgegentrat, nichts anderes im Sinn hatte, als die Welt und ihren Schöpfer zu lieben. Die Stimme der weiblichen Vernunft und Liebe aus dem hohen Mittelalter wird für unsere Zeit immer unabdingbarer.

Zum Weg

Im vorliegenden Buch ist die Strecke vom Kloster St. Hildegard bis zum Disibodenberg in fünf Etappen eingeteilt. Selbstverständlich kann man das individuell auch anders gestalten.

Die erste Etappe ist die kürzeste, bietet aber die meisten Sehenswürdigkeiten. Sie beginnt am Kloster St. Hildegard, führt nach Eibingen, dann über den Rhein zum Binger Hildegard-Weg mit dem Besuch des Rochusbergs, dem ‚Museum am Strom‘ und dem Gewölbe im Felsen des Rupertsberges.

Die zweite führt vom Rupertsberg in den Jakobsort Guldental, die dritte nach Bad Kreuznach, die vierte über Bad Münster am Stein nach Niederhausen. Die letzte dann von Niederhausen zum Disibodenberg.

Für Fußpilger folgt der Weg dem Weinwanderweg die Nahe entlang, für Radpilger gibt es einen Radwanderweg, ebenfalls die Nahe entlang. Der Radwanderweg ist etwas kürzer. Der Weinwanderweg macht ab und zu einige Schleifen vom Nahetal weg.

Der Weinwanderweg vom Rupertsberg in Bingerbrück bis hin zum Disibodenberg ist im allgemeinen gut markiert mit einem Weintraubenzeichen. Allerdings gibt es einige kritische Stellen, an denen die Markierung nachgebessert werden sollte. Auf diese Stellen weist der vorliegende Pilgerführer besonders hin und gibt Orientierung. So zum Beispiel, um zwischen Guldental und Bretzenheim den Einstieg in den Weinwanderweg nach Bad Kreuznach zu finden. Manchmal auch ist das Wegezeichen im Sommer von Blättern überdeckt. Und, selten zwar, aber es kommt vor (so z.B. bei Laubenheim), ist das Zeichen mit der Traubendolde verrutscht und damit auch der Richtungspfeil. Die Dolde steht dann auf dem Kopf.

Auf der Strecke hat man immer wieder die Möglichkeit mit der Bahn weiter zu fahren oder zu einem Ausgangspunkt zurückzukehren. Fast jeder Ort hat einen Bahnhof. Was die Übernachtungsmöglichkeiten betrifft, muss man sich keine Sorgen machen. Es gibt genügend Hotels und Pensionen..

Die Höhenunterschiede, die man zu bewältigen hat, sind moderat. Über 300 Meter geht es nicht hinaus. Zwischen Bad Kreuznach und Bad Münster am Stein verläuft der Weg sogar meist flach den Fluss entlang. Den längsten Anstieg hat man in Bad Münster am

Stein zu bewältigen, wird aber nach Erreichen der Höhe mit einem Panorama belohnt, das man mit seinem weiten Ausblick über den Nahegau durchaus als spektakulär bezeichnen kann.

Auch wenn der Weg gut markiert ist, empfiehlt sich eine Wanderkarte. Sehr gute Dienste leistet hier die Karte ‚Weinwanderweg Rhein-Nahe' im Maßstab 1:50 000, herausgegeben vom Trägerverein Naturpark Soonwald-Nahe e.V., erschienen im Galli-Verlag (www.galli-verlag.de). Weiter ist zu empfehlen: Blatt 4, Naturpark Soonwald-Nahe, Topographische Karte 1:25 000, Landesamt für Vermessung und Geobasis-information Rheinland-Pfalz, zugleich Wanderkarte des Hunsrückvereins e.V.

Solides Schuhwerk ist anzuraten. Insbesondere für den Abschnitt zwischen Bad Münster am Stein und Traisen. Hier ist der Untergrund teils felsig, teils besteht er aus Schotter. Ansonsten aber stellt der Weg an die Kondition keine besonderen Anforderungen und kann insgesamt als leicht bezeichnet werden.

Zeichen für den Weinwanderweg

Etappe 1: Rüdesheim/Eibingen und Bingen (7 km)

Die Anfahrt nach Rüdesheim am Rhein kann links- oder rechtsrheinisch erfolgen. Vom linksrheinischen Bingen aus würde man mit der Fähre übersetzen. Sie legt in Nähe des Rüdesheimer Bahnhofs an. Die Abtei St. Hildegard mit ihren beiden markanten Westtürmen sieht man schon bei der Überfahrt von weitem oben in den Weinbergen, so dass der Weg dorthin nicht zu verfehlen ist.

Blick über Bingen von Burg Klopp, gegenüber liegt
Rüdesheim

Vom Rüdesheimer Bahnhof biegt man nach
etwa 30 Metern nach links in die Oberstraße.
Wer vom Fähranleger kommt, geht etwa 200
Meter rheinaufwärts, unterquert die
Bahngleise an einer Unterführung und
gelangt zum Bahnhof. Man geht die
Oberstraße entlang, dann nach links in den
Weg 310 ‚Burgruine Ehrenfels, Niederwald-
denkmal'. Die Straße heißt ‚Am Feldtor'. Sie
folgen rechts bleibend dem Rüdesheimer
Weinpfad, links oben sehen Sie das
Niederwalddenkmal, am Bildstöckchen biegen
Sie rechts ab, folgen weiter dem Rüdesheimer
Weinpfad, halten sich halbrechts, unterqueren
die Seilbahn und sehen links schon die Abtei
St. Hildegard. Man nimmt die nächste
Abbiegung links und etwa 50 bis 70 Meter

weiter die Abbiegung nach rechts, dann die nächste Abbiegung nach links und die nächste wieder rechts am Kreuz. Dann gehen Sie wieder rechts bis zu einem Vorfahrtsschild, überqueren die Straße und nehmen den Weg hoch zur Abtei, die Sie unmittelbar vor sich liegen sehen. Rechter Hand erblickt man die Eibinger Kirche. Etwa 50 Meter nach Überquerung der Straße passiert man auch schon die Gabelung, die zur Eibinger Kirche führt. Sie bleiben aber hier geradeaus zur Abtei.

Die Abtei St. Hildegard ist das Nachfolgekloster der von Hildegard von Bingen gegründeten Klöster Rupertsberg und Eibingen. 1165 hatte Hildegard in Eibingen ein durch Krieg zerstörtes Augustinerkloster erworben. Sie lässt es im romanischen Stil wieder herrichten. Es wird die Heimat für dreißig Benediktinerinnen. Zweimal die Woche pendelt Hildegard zwischen dem Rupertsberg und dem Kloster Eibingen. Bis zu seiner Aufhebung 1802 (1814?) durch die Säkularisation durchläuft das Kloster Perioden von Blütezeit und Niedergang. So leben etwa 1575 nur noch drei Schwestern in Eibingen. 1632 wird im Dreißigjährigen Krieg das Kloster auf dem Rupertsberg zerstört. Die Rupertsberger Nonnen fliehen nach Eibingen.

In den Jahren 1900-1904 wird das Eibinger Kloster ein paar hundert Meter oberhalb von Eibingen neu aufgebaut und von Benediktinerinnen aus Prag besiedelt. 1941 wurden die Benediktinerinnen von der Gestapo vertrieben. Sie kehrten 1945 nach Kriegsende zurück. Zum Lebensunterhalt des Klosters tragen Weingüter, Kunstwerkstätten und der Klosterladen bei. Auch Gäste werden aufgenommen und Wallfahrer und Pilger betreut. Kurse der Einkehr und Besinnung werden angeboten (zu dem Programm siehe unter ‚nützliche Links'). Natürlich ist es auch ein Hildegard-Forschungszentrum. Die Benediktinerinnen haben Hildegards Werke zum ersten Mal in deutscher Sprache herausgebracht.

Nach dem Besuch der Abtei geht man den Weg zurück, biegt kurz vor Überquerung der Straße nach links in den Weg zur Eibinger Kirche.

Eibingen ist heute ein Stadtteil von Rüdesheim, der 1939 gegen den Willen der Einwohner eingemeindet wurde. Die streng katholische Gemeinde hatte besonders unter den Nationalsozialisten zu leiden, da sie sich bei Wahlen fast einstimmig gegen die NSDAP gewendet hatte.

In der Eibinger Pfarrkirche St. Hildegard und St. Johannes d.T. befindet sich im Altarraum der Kirche der Reliquienschrein der Hildegard von Bingen. Hildegard selbst hatte zahlreiche Reliquien gesammelt, die heute als Eibinger Reliquienschatz ebenfalls in dieser Kirche aufbewahrt werden, und zwar im südlichen Teil des Hauptschiffes in einem gläsernen Altar. Die Gebeine Hildegards wurden 1660 vom Rupertsberg in das Kloster Eibingen überführt. 1852 wurde ihre Echtheit nachgewiesen. Zahlreiche Reliquien wurden an Abteien in Deutschland, Holland und Österreich verschenkt. Reliquienpartikel sind laut Literaturangabe [Hildegard von Bingen 1098-1179, hrsg. von Hans-Jürgen Kotzur, von Zabern-Verlag, Mainz 1998, S. 22, Ausstellungskatalog] „bis nach Japan, Neuguinea und den Bahama-Inseln verbreitet."

Jährlich wird am 17. September, dem Todestag Hildegards, das Hildegardisfest mit u.a. einer Reliquienprozession durch die Eibinger Straßen gefeiert.

Von der Kirche aus hält man sich rechts Richtung Rüdesheim, Marienthaler Straße. Weiter geht es auf der Eibinger Straße. Man folgt ihr nach rechts und sieht auch schon Turm und Kuppel der Jakobuskirche. Dann laufen Sie bergab nach links auf die Jakobskirche zu. Nach rechts geht es in die Oberstraße, dann kurz darauf in die Schmidtstraße, rechter Hand sieht man nun die Jakobskirche und wendet sich nach rechts in die Kirchstraße.

Rüdesheim hat ein über 750 Jahre altes Jakobus-Patrozinium. Der älteste Teil der Kirche (die Turmkapelle) geht sogar auf das zehnte Jahrhundert zurück. Entstanden ist die Kirche auf Grund des Gelübdes eines Rüdesheimer Ritters, der auf einem Kreuzzug aus maurischer Gefangenschaft freigekommen war. Nachdem die Kirche 1944 durch einen Bombenangriff weitgehend zerstört worden war, begann man nach dem Ende des 2. Weltkriegs mit ihrem Wiederaufbau, wobei die erhaltenen, alten Teile einbezogen wurden. In einer Nische befindet sich eine Steinskulptur des Pilgerpatrons, dessen Pilgerstab ein Jakobskreuz ziert. Die Zeit der Hildegard von Bingen ist zugleich auch die Zeit einer Hochblüte des Jakobsweges. Große Pilgerscharen sind unterwegs nach Santiago de Compostela, wobei der bevorzugte Weg der Rheincamino ist, der von Köln über Bonn nach Koblenz, Bingen, Mainz, Worms und Speyer führte. In jüngster Zeit hat man sich dieses mittelalterlichen Hauptweges wieder erinnert und beginnt ihn sowohl linksrheinisch wie auch rechtsrheinisch zu markieren.

Durch Rüdesheim geht es nun zur Fähre nach Bingen. An der Jakobskirche, die am Marktplatz und gegenüber dem Rathaus liegt, wendet man sich nach links und hat nach etwa 200 Metern den Rhein erreicht. Gegenüber dem Fähranlieger sieht man auf der Binger Seite schon den Rochusberg mit der Kapelle. Ein direkter Aufstieg zum Rochusberg ist vom Binger Fähranlieger aus nicht möglich. Man geht die Binger Rheinpromenade mit ihren Kulturgärten rheinabwärts entlang bis zum ‚Museum am Strom', das etwa 200 Meter vor der Nahemündung liegt.

Unmittelbar neben dem Museum gibt es einen kleinen Kräutergarten, der Hildegarten, in dem einige für Hildegards Apotheke typische Kräuter zu sehen sind. Das Museum bietet neben den Abteilungen Rheinromantik, Römerzeit und Binger Stadtgeschichte eine umfangreiche Präsentation zu Hildegard von Bingen. Es gibt Modelle der Hildegardklöster, Kunstwerke, Originaldokumente, grafische Reproduktionen und vieles mehr, was Zeit und auch Visionswelt Hildegards veranschaulicht. Hörinstallationen verschaffen einen Einblick in ihr musikalisches Schaffen.

Der Weg führt vom Rheinufer nun in die Stadt hinein. Am Binger Rheingarten werden die Bahngleise überquert. Es geht in die Salzstraße, dann nach links in die Basilikastraße, die in die Kapuzinerstraße mündet. Von dieser Straße geht es nach rechts in die Rochusstraße, die später zur Rochusallee wird und zum Rochusberg führt.

Hier befindet sich das Hildegardforum, wo man ebenfalls einen Kräutergarten besichtigen kann und wo in einem Meditationsraum zu einer audivisuellen Reise durch die Bilderwelt Hildegards eingeladen wird. Nun sind es nur noch ein paar Meter bis zur Rochuskapelle, die dem Beschützer vor Pest und Krankheit, dem hl. Rochus geweiht ist.

Rochuskapelle, Bingen

Goethebild, Bingen, Aufbruch des Hl. Rochus

Die Kapelle wurde im Pestjahr 1666 erbaut, mehrfach durch kriegerische Einwirkung und Feuer zerstört, bis sie in ihrer heutigen Gestalt nach einer erneuten Brandkatastrophe in den Jahren 1891 bis 1895 errichtet wurde. In der Kapelle ist die typische Rochusfigur zu sehen. Der Heilige, meist mit Pilgerstab und Muschel dargestellt, weshalb er auch oft mit Jakobus verwechselt wird, rafft das Gewand und deutet auf eine verbliebene Wunde am Oberschenkel. An seiner Seite befindet sich ein Hund mit einem Laib Brot im Maul. Der Hund geht zurück auf die Rochuslegende. Als Rochus krank im Wald niederlag, versorgte ihn ein Hund täglich mit Brot.

Eine einzigartige Darstellung des Hl. Rochus findet sich auf einem von Goethe gestifteten Ölgemälde. Es zeigt den Aufbruch von St. Rochus aus dem königlichen oder auch adligen Elternhaus. Goethe hat das Bild in Auftrag gegeben und an der Gestaltung beratend mitgewirkt. Entstanden ist es 1816, gemalt hat es Louise Seidler, die oft als Goethes Malerin bezeichnet wird. Es ist ein heiter, mediterran wirkendes Bild. Man sieht einen eher fröhlichen, unbeschwerten Pilger. Die bei den Rochusdarstellungen übliche Pestwunde fehlt. Sie war dem Weimarer offensichtlich zuwider. Der Pilger Rochus trägt unverkennbar die Gesichtszüge des Dichters. Goethes italienische Reise spielt hier zweifellos in die Bildgestaltung mit hinein. Die Anlehnung an nazarenische Bildkunst, der sich Seidler verpflichtet fühlte, hat Goethe zwar zurückdrängen wollen, aber so ganz ist ihm das nicht gelungen. Um das Bild, das als besonderer Kunstschatz in einem abgeschlossenen Nebenraum der Kapelle hängt, im Original zu sehen, müsste man einen Termin mit dem Binger Pfarrbüro vereinbaren.

In der Rochuskapelle befindet sich auch ein Hildegardisaltar, ein Schnitzaltar mit einer Statue der Heiligen. Reliefs zeigen Szenen aus dem Leben der Hildegard von Bingen: Hildegard erschaut als Kind ein Licht, Übergabe in die Obhut der Magistra Jutta von Sponheim, Hildegard verfasst die Schrift ,Scivias', der Mainzer Erzbischof liest auf der Trierer Synode Texte von Hildegard vor, Hildegard begegnet Bernhard von Clairvaux (eine solche Begegnung gab es indes nicht), die Begegnung Hildegards mit Kaiser Friedrich I. auf dem Hoftag zu Ingelheim, Hildegard predigt vor Volk und Klerus und schließlich Hildegards Tod im Kloster Rupertsberg.

Das musikalische Schaffen Hildegards ist in einem farbigen Fenster der Orgelbühne dargestellt. Es zeigt Hildegard als Komponistin. Sie kniet auf einem Schreibpult, zeichnet Neumen ein. Im parallelen Fenster musiziert ein Engel auf einer Laute. Die kunstvollen Fenster stammen von dem englischen Glasmaler Francis William Dixon (1848-1928). Von ihm sind auch die Chorfenster von St. Ursula in Köln.

Die Rochusallee entlang geht es nun wieder in die Stadt, wo man noch die Basilika St. Martin besuchen kann. Auch hier findet sich eine Statue der Hildegard von Bingen.

Am linken Naheufer, bevor man über die Brücke geht, steht gegenüber dem Kulturzentrum eine Informationstafel ‚Das verschwundene Hildegard-Kloster am Rupertsberg'. Durch einen Projektor kann man die verschwundene Klosterkulisse mit ihren zwei Westtürmen betrachten. Es ist die Szenerie, wie sie sich im Hochmittelalter geboten haben mag.

Über die Nahebrücke geht es nach Bingerbrück. Unmittelbar am Ende der Brücke wenden Sie sich nach links, überqueren die Bahngleise und laufen auf dem Bürgersteig nach links Richtung Mainz, dem Verlauf der B 9 folgend. Nach 30 Metern gelangt man zu einer Bushaltestelle. Hier liegt links der Gewölbekeller Rupertsberg (Am Rupertsberg 16). Das Gewölbe befindet sich gegenüber einem Computerladen. Es ist geöffnet ab 6. 4. 2014 jeden Sonn- und Feiertag von 14 bis 17 Uhr. Außerhalb dieser Zeit kann man sich unter der Telefonnummer 06721984368 anmelden.

Im Dreißigjährigen Krieg wurde das Rupertsberger Kloster von schwedischen Soldaten zerstört. Die Klosterruinen blieben als romantisches Überbleibsel lange erhalten, bis Ende des 19. Jahrhunderts die Rhein-Nahe-Eisenbahngesellschaft den Felsen mitsamt der Ruinen wegsprengte. Übrig geblieben ist aber ein Teil der ehemaligen Krypta, mit Räumen, die heute der Rupertsberger Hildegard-Gesellschaft als Veranstaltungsort dienen. Auch hier wird man über Leben und Wirken der Hildegard von Bingen anschaulich informiert. Das Gewölbe ist ein Ort besonderer Spiritualität. So befindet sich etwa zwischen zwei Kerzen in einer Nische im Halbdunkel eine plastische Halbfigur der ‚Prophetissa Teutonica‘, der Prophetin der Deutschen.

Gegenüber dem Rupertsberger Gewölbe befindet sich die Kirche St. Rupertus und St. Hildegardis. Auf dem Vorplatz der Kirche steht eine Bronzeplastik der Seherin. In der Kirche selbst sieht man u.a. eine für Hildegard typische Darstellung. Auf einem Relief ist dargestellt, wie sie auf eine Wachstafel ihre Visionen schreibt. Die Fenster im Kreuzschiff zeigen Szenen aus dem Leben und Wirken Hildegards.

Etappe 2: Vom Rupertsberg nach Guldental (19 km)

Sie folgen vom Rupertsberger Gewölbe weiter der Bundestraße 9 Richtung Mainz, gehen entlang des linken [flussabwärts gesehen] Naheufers auf die Drususbrücke zu, biegen etwa dreißig Meter vor der Brücke nach rechts in eine Unterführung (Mühestraße) ein. Im Sommer ist das Naheufer zugewachsen. Die Brücke befindet sich dort, wo Sie eine Bahnschranke sehen.

Die siebenbogige Drususbrücke mit ihren Eisbrechern an den Pfeilern wurde um das Jahr 1000 von Erzbischof Willigis in Auftrag gegeben. Es ist die erste im Mittelalter errichtete Steinbrücke. Die Brücke hat zwar den Namen ‚Drususbrücke', einen römischen Vorgängerbau an dieser Stelle gab es jedoch nicht. Nach ihrer Sprengung im März 1945 wurde sie in ihrer ursprünglichen Form, jedoch mit breiterer Fahrbahn, wieder aufgebaut. Besonders interessant: Im ersten östlichen Brückenpfeiler befindet sich eine frühromanische Kapelle, in der Pilger um Schutz für ihre Reise baten. Die Kapelle kann besichtigt werden. Der Schlüssel ist bei der Binger Touristinformation abzuholen. Die Kapelle ist jedoch bis auf zwei Kerzen zur Zeit leer. Man sollte dieses Kleinod als Pilgerkapelle wieder einsetzen und einweihen. Diese tausendjährige Kapelle liegt an charakteristischer, sinnfälliger und symbolisch bedeutender Stelle an der ‚Via Hildegardis' wie auch am Jakobsweg. Ebenso sollte man auch die aus dem 18. Jahrhundert stammende und vom Mittelpfeiler entfernte Figur des Brückenheiligen, des Johannes Nepomuk, wieder dort aufrichten. Hier ist ihr ursprünglicher Platz.

Dort, wo es zur Unterführung geht, sehen Sie das gelbblaue europäische Zeichen für den Jakobsweg und auch das Zeichen für den Ausoniusweg und ebenso ein Schild ‚Weinwanderweg' mit der Trauben- darstellung. Nach Weiler sind es 2 km, die bis in den Ort leicht bergauf führen. Rechter Hand liegen die ersten Weinhänge. Sie halten sich an der Gabelung nach geradeaus oben, erreichen ein Schild Weiler 0,7 km und bleiben weiter auf dem Ausonius- bzw. Weinwanderweg. Den breiten Pfad überqueren Sie, bleiben geradeaus und folgen weiter den Markierungen, Nach ein paar hundert Metern sehen Sie die ersten Häuser von Weiler und den Turm der Kirche Maria-Magdalena.

Weiler wurde 823 erstmals urkundlich erwähnt. Aber schon in der Keltenzeit gab es hier eine Siedlung und eine Wegeverbindung, die dann später von den Römern als Heeres- und Handelsstraße ausgebaut wurde (Ausoniusweg) und die Städte Mainz und Trier verband. Weiler war Teil der ‚Binger Mark', über die die Mainzer Bischöfe und Erzbischöfe bzw. später dann das Mainzer Domkapitel die Ortsherrschaft hatten, bis 1792/1794 die französischen Revolutionstruppen das linke Rheinufer besetzten. Rupertsberg war damals ein Ortsteil von Weiler, bis es 1892 als Bingerbrück selbstständig wurde. 1969 wurde Bingerbrück in die Stadt Bingen eingemeindet. Weiler selbst wurde von Weiler bei Bingerbrück in Weiler bei Bingen umbenannt. In Weiler befand sich das Hofgut des Klosters Rupertsberg. In der Hofstraße des Ortes erinnert eine bildliche Darstellung an einer Hausfassade daran. Die Kirche Maria-Magdalena wurde 1866 als Hallenkirche im gotischen Stil erbaut. Sie ist die Nachfolgekirche einer ersten, kleineren, bereits im Jahr 1128 urkundlich erwähnten.

In Weiler trennen sich Ausonius- und Weinwanderweg. Am Ortseingang folgen Sie geradeaus der Markierung Weinwanderweg, gelangen zu einer Kreuzung, wo es nach rechts zur Kirche geht, nach links verläuft der Weinwanderweg weiter nach Münster-Sarmsheim.

Am letzten Haus in Weiler führt der Weg nach halblinks mit einem schönen weiten Panorama über Felder und Hügel. Nach etwa 1 Kilometer kommt eine Gabelung. Ein Tisch und eine Bank stehen dort. Sie nehmen hier den Weg nach halbrechts oben. Nach dem Gang durch den Wald erreichen Sie ein freies Gelände mit Blick über Felder und Weinhänge. Hier halten Sie sich an der folgenden Gabelung nach links. Sie erreichen bald eine Schutzhütte, wenden sich hier nach links auf die asphaltierte Straße, bleiben auf ihr, bis vor einer Linkskurve ein schmaler Pfad bergab nach Münster-Sarmsheim führt. Der Weinwanderweg berührt jedoch nur den Ortsrand.

Weg hinter Weiler

Weg hinter Laubenheim

Sehenswert ist in Münster-Sarmsheim die katholische Kirche St. Peter und Paul mit einem romanischen Westturm aus der zweiten Hälfte des 12. Jahrhunderts. Einmal im Jahr, am ersten Augustwochenende, findet in Münster-Sarmsheim die sogenannte ‚Kerb' statt. Es wird getanzt, gefeiert und der Münster-Sarmsheimer Nahewein probiert.

Am Ortsrand folgen Sie dem Schild Weinwanderweg nach Laubenheim (3,3 km), halten sich ‚Am Keßlerberg' nach halbrechts oben. Es geht in die Weinberge. Linker Hand fließt die Nahe, deren Lauf Sie zunächst folgen. Nun kommt eine kritische Stelle, die hinsichtlich der Markierung einer Nachbesserung bedarf. Sie befindet sich etwa 50 Meter hinter dem letzten Haus. An dieser Gabelung gehen Sie nach links unten, und zwar so lange, bis man an eine Mauer und einen Maschendrahtzaun kommt. Hier geht es nach rechts. Sie gehen an Häusern vorbei, biegen dann nach links zur Straße hin und dort nach rechts Richtung Laubenheim. Sie überqueren eine abbiegende Straße und kurz dahinter geht es am Schild ‚An der Trollmühle' nach rechts. Sie folgen der asphaltierten Straße dann nach halblinks, unterqueren bald die Autobahn. Sie bleiben auf der Straße und nehmen dann die zweite Abbiegung nach links, die wieder in die Weinberge und nach Laubenheim führt. Unten links sehen Sie die

Bahnlinie und die Nahe. Am Ortsrand von Laubenheim überqueren Sie eine Straße und gehen weiter gegenüber auf dem Weinwanderweg in die Schulstraße.

Laubenheim hat eine keltische und römische Vergangenheit. Auf die römische weisen hier Wasserleitungen, Münz- und Gefäßfunde hin. Die Römer waren es, die die Weinrebe an die Nahe brachten. Schon im 9. Jahrhundert wird Laubenheim urkundlich erwähnt. Seine Bedeutung als Weinort zeigt sich auch im Wappen der Gemeinde. In einem geteilten Schild sieht man oben den kurpfälzischen Löwen, unten eine Weinranke mit drei Trauben.

Sie verlassen Laubenheim Richtung der Weinberge. Der Weg führt über die Schulstraße zum Sonnenring, in den Sie halbrechts einbiegen. Bald erreichen Sie die ersten Weinhänge. Mit schönem Panoramablick über den Nahegau geht es nun durch die Weinberge. Am Schild ,Langenlonsheim 3,3 km' halten Sie sich nach links. Langenlonsheim sieht man in der Ferne links liegen. Der Weg führt aber westlich an dem Ort vorbei. Sie laufen ein Stück durch einen Wald. An einer der Wegegabelungen fehlt die Markierung. Hier steht eine Bank. Nach rechts oben führt ein Weg in den Wald. Sie bleiben aber links. Sie erreichen eine Kelterstation mit zwei Hütten und folgen dem

Schild Guldental 5,9 Kilometer. Das nun folgende Wegstück führt am Waldrand und an Weinhängen entlang. Man erreicht das Kanzelkreuz, von wo man wiederum einen wunderschönen Blick auf den Nahegau hat. Durch Wald geht es weiter Richtung Guldental. Danach halten Sie sich wieder den Waldsaum entlang, bis Sie schließlich einen Weinhang erreichen. Hier geht es nach rechts, kurz darauf nach links auf Guldental-Heddesheim zu. Bald sehen Sie Guldental vor sich liegen. An der Kelterstation wendet man sich nach links und an der Sonnenberghütte wiederum nach links. Am Friedhof vorbei geht es nach rechts in den Ort hinein zur Hauptverkehrstraße und kurz darauf nach links in die ‚Hauptstraße' zur Kirche St. Jakob.

Die Kirche des malerischen Winzerortes ist Jakobus dem Älteren geweiht. Darstellungen des Pilgerapostels finden sich als Kirchenfenster sowie als Figur. Die Kirche St. Jakobus wurde Ende des 19. Jahrhunderts als einschiffiger Backsteinbau mit Chor und querschiffartigen Seitenkapellen nach gotischen Formen erbaut. Vor der Kirche steht der älteste Brunnen der Rheinprovinz. Er stammt aus dem Jahr 1584. Guldental wurde 1969 aus den selbstständigen Gemeinden Heddesheim und Waldhilbersheim gebildet. Eine erste urkundliche Erwähnung von Heddesheim gibt es schon 1163.

Weg hinter Laubenheim

Weg vor Guldental

Etappe 3: Von Guldental nach Bad Kreuznach (16 bzw. 13 km mit Abkürzung)

Von der Jakobskirche aus folgt man weiter dem Verlauf der ‚Hauptstraße‘, bis man den Guldenbach erreicht, wo man sich direkt hinter der Brücke nach links wendet. Es geht nun den Guldenbach entlang. Die Straße heißt ‚Auf dem Wörth‘. An der zweiten Brücke biegt man zunächst nach rechts Richtung Campingplatz, dann aber nach etwa 50 Metern wieder nach links den Guldenbach entlang.

Bald erreicht man einige Gebäude. Hier ist das Gelände einer ehemaligen Felseneremitage, wo heute ein Programm zur Wohnungslosenhilfe untergebracht ist. Vor den Gebäuden geht es ein paar Meter nach rechts und dann wieder nach rechts auf einen etwa 20 Meter langen Pfad zur versteckt liegenden Eremitage.

Die Eremitage ist das einzige Felsenkloster nördlich der Alpen. Urkundlich mit einem geweihten Altar erwähnt wird die Eremitage 1043. Sie bestand als christlicher Ort also schon zur Zeit der Hildegard von Bingen. Sie wird die Eremitage gekannt haben und vielleicht hat sie dieses Felsenkloster ja mit inspiriert, auf dem Felsen des Rupertsberges eine eigene Wirkungsstätte zu bauen. Vor dem Felsen, vor einer Felsenkapelle, gab es eine Kirche, die im

16. Jahrhundert durch einen Erdrutsch verschüttet wurde. Zu Beginn des 18. Jahrhunderts legten Eremiten die verschüttete Kirche frei und errichteten ein dem Heiligen Antonius geweihtes neues Gotteshaus. Der Ort wurde zu einer viel besuchten Wallfahrtsstätte.

Eremitage zwischen Guldental und Bretzenheim

Mit der Säkularisation und dem Verbot durch französische Dekrete endete das klösterliche Leben. Die Kirche verfiel und wurde schließlich abgerissen. Der letzte Eremit, bekannt als Bruder Abraham, starb 1827 im Alter von 82 Jahren.

Etwa einen Kilometer nach der Eremitage kommt man zu einem Kreuz mit der Inschrift: „O, Ir Vorbeigehende bettet ein Vaterunser für die arme Seelen". Sie sehen an dieser Stelle vor sich schon die Kirche von Bretzenheim ,St. Mariä Geburt'. Am Wegekreuz biegen Sie rechts ab. An dieser Stelle müsste die Markierung für den Weinwanderweg unbedingt nachgebessert werden, sonst läuft man vorbei. Denn hier befindet sich nur ein kleiner Aufkleber in drei Metern Höhe auf einem Strommast. Man übersieht das sehr leicht. Sie nehmen den unteren, geradeaus in die Weinberge führenden Weg, also nicht den asphaltierten, der nach rechts oben führt.

Vom Wegekreuz aus verläuft der Weg zunächst geradeaus. Rechts liegen Weinhänge, links sieht man Bretzenheim. Erst nach 150 Metern tauchen an einem Zaun und einem Baum die Zeichen für den Weinwanderweg auf. Danach folgen Sie an der ersten Kreuzung dem Schild ,Weinwanderweg Rhein-Nahe, Bad Kreuznach 8,9 km' und biegen dort nach rechts und sofort wieder nach links ab und folgen auch dem Weg B1. An der nächsten Gabelung biegen Sie nach rechts oben ab, bleiben auf dem asphaltierten Weg und gehen zwischen Weinhängen hindurch. Der Weg führt bergauf. Sie bleiben weiter geradeaus bergan, folgen an einer Gabelung aber nicht mehr dem Schild B1, sondern zunächst dem Schild ,Bretzenheimer Rundwanderweg'. Kurz vor der Anhöhe erreicht man eine Schutzhütte, die Rosenhütte. Das Zeichen für den Weinwanderweg begleitet Sie weiterhin zuverlässig, und Sie sehen bald links Winzenheim liegen. Man erreicht das Schild ‚Weinwanderweg Rhein-Nahe, Bad Kreuznach 7,4 km' und biegt dort nach rechts oben ab. An der nächsten Kreuzung biegen Sie nach links ab. Die Abbiegung ist hier gut ausgeschildert. Die Abbiegung befindet sich vor einer roten Wellblechhalle. Sie folgen weiter dem Weg, der nach 200 Metern asphaltiert ist, überqueren zwei Kreuzungen, bleiben geradeaus, folgen dem Zeichen für den Weinwanderweg. Sie erreichen eine Straße, überqueren sie, gehen geradeaus auf dem Weinwanderweg weiter. Nach etwa 150 Metern geht es an der Wegkreuzung nach rechts. Hier ist die Markierung leicht zu übersehen. Nach 100 Metern wird wieder eine Straße erreicht. Sie wird überquert. Gegenüber geht es auf dem Weinwanderweg weiter. Man bleibt geradeaus. Die Strecke ist mit dem Zeichen für den Weinwanderweg gut ausgeschildert.

Nach 150 Metern kommt eine Wegkreuzung, und man kann sich hier entscheiden, ob man den um etwa drei Kilometer längeren Weg nach Bad Kreuznach nimmt oder den kürzeren. Für den kürzeren folgt man dem asphaltierten Weg nach links. Sie sehen vor sich eine Brücke mit gelbem Geländer. Die Brücke führt über die Autobahn und dann nach Bad Kreuznach hinein. Nach

Überquerung der Brücke gehen Sie die Straße bergab nach Bad Kreuznach und unten an der Gabelung nach rechts [Straßenname ‚Brückes']. An der Kreuzung folgen Sie dem Schild ‚Zentrum', passieren vor der Nahebrücke das Fausthaus, überqueren die Brücke, von der aus Sie rechts die Pauluskirche oder auch ‚Inselkirche' genannt, sehen. Unmittelbar hinter der Brücke folgen Sie der ‚Via Historica' und überqueren dann eine weitere Brücke über die Nahe. Direkt hinter der Brücke geht es dann auf dem Panoramaweg bzw. auch Weinwanderweg links [flussabwärts gesehen] der Nahe weiter.

Wer sich für den längeren Weg entscheidet – belohnt wird er an einer Schutzhütte mit einem Panoramablick über die Autobahn – folgt an der oben genannten Kreuzung dem Zeichen für den Weinwanderweg. Dieser führt oben an einem Waldsaum entlang. An der Schutzhütte biegt man dann nach links auf einen betonierten Weg und gelangt auf diesem zu einer zweiten Brücke über die Autobahn. An der Brücke sehen Sie ein Schild ‚Bad Kreuznach 5,2 Kilometer'. Das ist jedoch Unsinn. Nur 500 Meter weiter kommt ein Schild ‚Bad Kreuznach 1,1 Kilometer'.

Hinter der Brücke nicht die Abzweigung nach rechts nehmen, sondern auf der Straße bleiben. Sie bleiben geradeaus auf Bad Kreuznach zu, nehmen den Weg, der zwischen zwei Mauern weiterführt. An der Matthäuskirche biegt man nach links ab und an der nun kommenden Straßengabelung nach rechts, dann an der nächsten Straße nach links und erreicht einen Kreisverkehr. Sie bleiben geradeaus und biegen nach etwa hundert Metern nach rechts in die Altstadt. Vor sich sehen Sie schon den Turm der evangelischen Pauluskirche. Man erreicht nun die Brücke über die Nahe, überquert den Fluss aber nicht, sondern geht an der Brücke nach rechts in den Panoramaweg, der zugleich auch Weinwanderweg ist. Auf der anderen Seite sehen Sie unmittelbar am Ufer die Pauluskirche.

2009 erhielt Bad Kreuznach von der Bundesregierung den Titel ,Ort der Vielfalt'. Das trifft in mehrfacher Hinsicht zu. Man findet einen malerischen historischen Ortskern in Nähe der Pauluskirche. Die Nahe teilt sich hier in zwei Arme und bildet eine Insel. Neben der historischen Altstadt gibt es freilich auch ein Industrieareal und ein weniger idyllisches städtisches Neubaugebiet. Mit seiner radonhaltigen Sole wurde der Ort zu einem bedeutenden Radiumheilbad.

Vor dem Dreißigjährigen Krieg gab es in Kreuznach sieben Klöster. Als das Augustinerinnen-Kloster St. Peter 1566/68 aufgehoben wurde, siedelten sich die vertriebenen Nonnen in der Abtei St. Hildegard bei Eibingen an.

Die Liste berühmter Persönlichkeiten, die Bad Kreuznach besucht oder dort gewirkt haben, ist lang. Bernhard von Clairvaux soll 1147 hier ein Heilungswunder vollbracht haben. Der Magister Faust, zur literarischen Gestalt geworden bei Goethe und anderen, war hier Anfang des 16. Jahrhunderts Rektor der Kreuznacher Lateinschule. Alexander von Humboldt besuchte auf einer Studienreise die Stadt, Napoleon hielt sich in Kreuznach auf, Karl Marx heiratete hier Jenny von Westphalen und arbeitete an der ,Kritik der Hegelschen Rechtsphilosophie'. Clara Schumann gab im Kurhaus Konzerte. In Bad Kreuznach beschlossen 1958 der französische Staatspräsident Charles de Gaulle und der deutsche Bundeskanzler Konrad Adenauer die deutsch-französische Freundschaft.

Etappe 4: Bad Kreuznach – Niederhausen (18 km)

In Bad Kreuznach führt der Weg unmittelbar links der Nahe nach Bad Münster am Stein. Man verlässt bis zu diesem Ort die Nahe nicht, wechselt zweimal die Uferseite. Durch die Orientierung die Nahe entlang kann man den Weg nach Bad Münster am Stein nicht verfehlen. Auf dem Panoramaweg bzw. Weinwanderweg kommt man u.a. an einem

Radonstollen, einem alten Quecksilberstollen vorbei. Im Stollen sammelt sich das leicht radioaktive Gas Radon. Am Teetempelchen geht es nach links treppab. Unten angelangt verlässt man nun den Panoramaweg, hält sich nach links, überquert die Nahe, geht unmittelbar am Naheufer weiter. Sie passieren ein Gradierwerk und wechseln dann wieder das Naheufer. Man durchläuft nun ein Gebiet, in dem die seltenen, ungiftigen Würfelnattern unter besonderem Schutz stehen. Bald erreichen Sie Bad Münster am Stein, sehen die ersten imposanten Felsnadeln mit der Burg Rheingrafenstein. Dieses Panorama ist berühmt geworden als ‚Turnerblick‘, genannt nach einem Gemälde von William Turner.

Die Zeichen für den Weinwanderweg führen Sie nun durch den Kurgarten spazieren. Sie landen schließlich bei einem Schild ‚Weinwanderweg Traisen 6,3 km‘. Danach lassen Sie die Zeichen stiefmütterlich im Stich.

Die Nahe entlang nach Bad Münster am Stein

Turner-Blick in Bad Münster am Stein

Empfohlen ist daher folgender Weg durch Bad Münster am Stein: Am ‚Turnerblick' und am ‚Alten Fischerhaus' [gekennzeichnet mit einer Tafel] biegen Sie nach rechts in die Nahestraße, dann nach rechts in die Kurstraße, nach 20 Metern nach links in die Berliner Straße und dann nach 50 Metern geradeaus in die Rotenfelser Straße. Hier treffen Sie wieder auf die Zeichen für den Weinwanderweg.

In Bad Münster am Stein trifft man nach dem Gang durch Weinberge und die Nahe entlang nun auf eine ganz andere Landschaftsform. Der Ortsname deutet es schon an. Bad Münster am Stein wird umrahmt von Felsen, und zwar sind es der Rheingrafenstein und der Rotenfels. Eine erste urkundliche Erwähnung des Ortes erfolgte um 1200. Bis in das 19. Jahrhundert hinein war Bad Münster nur ein kleines Dorf. Der Aufschwung kam Anfang des 20. Jahrhunderts, als auch hier wegen der radonhaltigen Solequellen ein Kurbetrieb eröffnet wurde. Zwischen Bad Kreuznach und Bad Münster am Stein erstreckt sich die größte Ausdehnung von Gradierwerken in Deutschland. Besonders sehenswert ist die evangelische Wehrkirche im Ortsteil Ebernburg. Sie stammt aus dem 12. Jahrhundert.

Speziell in der Umgebung von Bad Münster am Stein gibt es einzigartige Biotope des Nahelandes. Auf dem Weg von Bad Kreuznach nach Bad Münster am Stein trifft man zum Beispiel mehrfach auf Schilder, die zum Schutz der hier noch heimischen, aber sonst vom Aussterben bedrohten Würfelnatter auffordern. Diese hat hier das einzige stabile Vorkommen in Deutschland. Wer sich für den naturkundlichen Aspekt besonders interessiert, dem sei in Bad Münster am Stein die Naturstation ,Lebendige Nahe' empfohlen. Hier werden Fauna und Flora der Region vorgestellt (Naturstation Lebendige Nahe, Salinenhof 4, 55583 Bad Münster am Stein, Tel.: 06708/641424). Wegen seines milden Klimas ist das Naheland Heimat vieler wärmeliebender Arten.

Sie überqueren die Brücke über die Eisenbahnlinie. Am Ende der Brücke geht es nach links, man folgt weiter der Rotenfelserstraße und passiert die Kirche Maria Himmelfahrt, es geht bis zu den Weinbergen auf der Rotenfelser Straße bergauf.

Nach ein paar hundert Metern biegen Sie am Schild ,Traisen 5 Kilometer' nach rechts. Es geht nun auf teils felsigen Pfaden weiter bergauf mit Sicht ab und zu auf die Ebernburg. Auf der Höhe am Rotenfels bieten sich spektakuläre Ausblicke über den Nahegau. Auf dem Weinwanderweg folgt man nun dem Schild ,Traisen 3 Kilometer' und dem Zeichen für den Weinwanderweg. Vor Traisen gilt es auf rutschigem Schottergrund einen kurzen, aber steilen Abstieg zu bewältigen. Der

Weinwanderweg führt zwischen den Orten Traisen und Norheim, das der älteste urkundlich belegte Weinort an der Nahe ist, hindurch.

Das Zeichen für den Weinwanderweg begleitet Sie sicher an Traisen vorbei bergab. Dann aber endet der Weg an einem asphaltierten Weg.

Ausblick am Rotenfels, Bad Münster am Stein

Weg am Rotenfels

Eine richtungsweisende Markierung fehlt hier. Nach links führt der Weg nach Norheim hinein. Von dort müssten Sie wieder hoch in die Weinberge. Gehen Sie an der Gabelung nach rechts, dann ein paar Meter weiter links auf den mit einem Kreuz gekennzeichneten Fernwanderweg E8, danach rechts in die Kreuznacher Straße, nehmen die nächste links [Reiterweg] und die nächste rechts [An der Kauleck]. Sie treffen auf die Straße nach Norheim bzw. Rüdesheim, wenden sich nach rechts, überqueren nach etwa hundert Metern am Weingut Kronenhof die Straße, gehen hier 30 Meter nach links, dann rechts in den Weinwanderweg [Schild ‚Niederhausen 5 km'].

[* Hier können Sie entscheiden, ob Sie die Variante über Sponheim nehmen (siehe S. 82) oder dem Weg über Niederhausen folgen.]

Bergauf steuern Sie auf einen weit sichtbaren einzelnen Baum mit einer Bank zu. Der Weg nach Niederhausen ist nun wieder gut gekennzeichnet. Sie folgen dem Weg nach halbrechts oben und bleiben an der nächsten Gabelung geradeaus. Man folgt oben auf der Höhe dem Lauf der Nahe. An einer Hütte und einem Aussichtstürmchen nimmt der Weg eine scharfe Rechtskurve. Nach einer weit ausholenden Schleife biegt man links auf einen asphaltierten Weg, der bergab führt. Vor einem Wildgehege geht es dann nach links. Sie bleiben auf dem asphaltierten Weg. Man überquert eine Straße, geht gegenüber halblinks weiter. Am ‚Rosenberg' können Sie den Weg abkürzen. Statt in einer weiten Schleife um einen Hügel zu laufen, steigen Sie hier 80 Meter den Hang hinunter zur Straße, die in den Ort Niederhausen führt.

Wer hier die Etappe beenden möchte, um in einen anderen Ort zu fahren oder um in einem Gasthof eine Rast einzulegen, überquert die Bahngleise und gelangt zur Hauptstraße. Hier gibt es eine Bushaltestelle. Der Bus fährt nach Bad Münster am Stein und nach Staudernheim, wo man wieder auf einen Bahnhof trifft. Gegenüber der Bushaltestelle befinden sich zwei Gastwirtschaften [letzter Bus nach Bad Münster am Stein 19.14 Uhr, Busse nur Mo-Fr!].

Niederhausen gehört zur Verbandsgemeinde Bad Münster am Stein. Urkundlich erwähnt wird der Ort erstmals im Jahr 1238. Funde weisen aber auf eine Besiedlung schon zur Römerzeit hin. Ein Beispiel für Funde aus der Römerzeit finden Sie auf dem weiteren Weinwanderweg.

Etappe 5: Niederhausen – Disibodenberg (17 km)

In Niederhausen biegen Sie in die Schulstraße, an einer Hauswand befindet sich ein grünes Schild ‚Weinwanderweg'. Sie überqueren die Straße ‚In der Rosenheck' und gehen geradeaus in den Weg mit dem runden rotweißen Schild ‚Landwirtschaftlicher Verkehr frei'. Man erreicht ein Schild ‚Weinwanderweg Niederhausen'. Sie folgen dem asphaltierten Weg durch die Weinberge, sehen links unten die Nahe. Man bleibt auf dem asphaltierten Weg und biegt an der ersten Gabelung nach links Richtung Nahe ab, läuft nicht nach rechts den Berg hoch. An einer Mauer entlang geht es nun weiter auf dem asphaltierten Weg . Sie passieren die ‚Niederhäuser Kerz', dann ein Schild ‚4,5 km Schloßböckelheim'. Man folgt dem Weg die Mauer entlang. Unten am rechten Naheufer sehen Sie Oberhausen.

Man biegt nach links unten ab, an der nächsten Gabelung wieder nach links. Dann geht es die Straße rechts hoch am Gut Hermannsberg entlang. [Falls offen, kann man auch durch das Tor in das Weingut gehen und dann einen schmalen, ausgeschilderten Pfad hoch zur Straße.] An der nächsten Gabelung biegen Sie nach rechts oben ab, folgen dem Schild ‚Schloßböckelheim 2,8 km'. Danach biegen Sie nach links ab, folgen dem Schild ,Weinwanderweg Rhein-Nahe'. Es geht nun auf betoniertem Weg weiter, links sieht man den Lauf der Nahe. Sie passieren eine Schutzhütte. Es sind noch 1,1 km bis Schloßböckelheim. Sie kommen an den Resten einer Burgruine vorbei, dann an eine Straße, gehen nach links unten. Sie haben Schloßböckelheim erreicht und biegen an der nächsten Straße wieder nach links. Am Wanderparkplatz steigen Sie nach rechts eine Treppe hinunter, folgen dem Schild ,Waldböckelheim 4,3 km'.

Schloßböckelheim erlangte Berühmtheit, weil hier auf der Burg, von der man jetzt nur noch eine Ruine sieht, Kaiser Heinrich der IV. von seinem Sohn Heinrich dem V. gefangen gehalten wurde. Das war im Jahr 1105. Hildegard von Bingen wird mitbekommen haben, wie in ihrem adligen Elternhaus darüber gesprochen wurde. Es war im Nahegau wahrscheinlich das Gesprächsthema Nummer eins. Weitere Berühmtheit erhielt der Ort 1800 durch einen als ,Stiefelschlacht' bekannten Raubüberfall des berüchtigten Schinderhannes. Schinderhannes hatte mit seinen Gesellen eine Gruppe von Bauern und Händlern überfallen. Aus Enttäuschung, dass nichts Wertvolles zu rauben war, mussten die Überfallenen ihre Stiefel ausziehen und auf einen Haufen werfen. Die Räuber belustigten sich dann an dem Geraufe um die besten Schuhe und Stiefel. Die mit dem Nahegau eng verbundene Geschichte des

Schinderhannes zeigt neben dieser fast scherzhaften Episode auch brutalere Überfälle, die schließlich dazu führten, dass der Schinderhannes, alias Johannes Bückler, in Mainz unter der Guillotine endete.

Am Weingut Klein & Sohn geht es nach links oben in die Straße ‚Zum Mühlberg'. Eine Straße wird überquert. Gegenüber geht es weiter. Man folgt hier dem Schild ‚Waldböckelheim 3,9 km'. Oben stoßen Sie auf einen asphaltierten Weg, dem Sie nach rechts folgen. An der nächsten Gabelung geht es nach links. Man orientiert sich weiter an den Schildern ‚Waldböckelheim', bis man an einer Gabelung dem Schild ‚Heimbergturm' folgt und später dann wieder dem Schild ‚Waldböckelheim 1,7 km'. Aber kurz darauf gibt das Schild ‚Nahetal über Weinwanderweg 2,3 km' die Richtung. Der Weg führt an Waldböckelheim vorbei. An einer Schutzhütte folgt man dem Schild ‚Boos 3,2 km'. An der nächsten Gabelung geht es nach rechts unten. Sie bleiben auf dem asphaltierten Weg, folgen dem Schild ‚Boos 2,4 km'. Achtung: 50 Meter nach einer Linkskurve verlassen Sie den betonierten Weg nach links. Hier kann man das Zeichen für den Weinwanderweg leicht übersehen. Falls Sie geradeaus weiter gehen, landen Sie an einer Straße ohne Markierung.

An einem Weinhang verlassen Sie den Weg und biegen nach scharf rechts ab den Hang hinunter und erreichen eine Straße, der Sie nach links folgen. Die Stelle den Hang hinunter befindet sich vor einem mit Schiefer gedeckten Haus. Sie wandern die Straße entlang bis zum Bahnübergang, biegen vor dem Bahnübergang aber nach Boos in den Weinwanderweg ‚Boos 1,4 km'. Hier müssen Sie wieder ein Stück die Straße entlang gehen, links neben Ihnen die Bahngleise. Nach etwa 100 Metern biegen Sie nach links in eine Unterführung, unterqueren die Bahngleise. Unmittelbar an der Nahe geht es nun naheaufwärts weiter. Rechter Hand liegen Grundstücke mit Wochenendhäusern. Man erreicht Boos, überquert aber nicht den Bahnübergang in den Ort., sondern bleibt auf dem Weg entlang der Nahe. Wenn ein Klärwerk in Sicht kommt, kann man zum ersten Mal einen Blick auf den Sporn des Disibodenberges werfen. Links oben am Rand der Anhöhe sieht man die neue, weiße Hildegardkapelle.

Die Nahe bei Staudernheim

Klosteranlage Disibodenberg

An der Gabelung, die nun kommt, biegen Sie nach rechts, sehen auf dem Schild ‚Staudernheim 3,5 km'. Sie folgen in einem großen Bogen der Nahe, biegen dann nach rechts auf eine Draisinenbrücke [Kiosk, hier endlich wieder eine Gelegenheit für Erfrischungen], überqueren die Nahe, folgen dem Schild ‚Weinwanderweg Rhein-Nahe', rechter Hand sehen Sie den Disibodenberg. Sie biegen nun nach rechts, ‚Disibodenberg 0,3 km', steuern auf das Gehöft zu, gehen an ihm rechts entlang, gelangen zum Fuß des Disibodenberges, wo sich auch das Museum befindet.

Variante über Oberhausen: Niederhausen, Oberhausen, Duchroth, Odernheim am Glan, Disibodenberg (12 km)

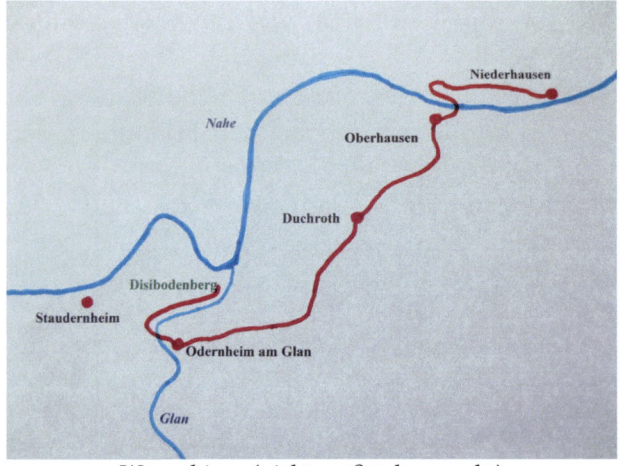

Wegeskizze (nicht maßstabsgerecht)

Für die letzte Etappe von Niederhausen zum Disibodenberg gibt es eine sehr schöne und den Weg auch abkürzende Variante. Diese Strecke bietet immer wieder weite Panoramablicke und hat auch den Vorteil, dass man den Disibodenberg schon von Weitem sieht.

Man geht von Niederhausen den zuvor beschriebenen Weg bis zum Gut Hermannsberg, biegt aber dort nicht nach rechts bergauf Richtung Schloßböckelheim ab, sondern folgt nach links der Straße bergab, bis man nach einer Unterführung auf die Straße entlang der Nahe trifft. Hier geht es nach rechts auf dem Fußgänger- und Fahrradweg Richtung Oberhausen. Kurz hinter der Hermannshöhle geht es über die Luitpoldbrücke nach Oberhausen hinein. Man durchquert den Ort auf der Naheweinstraße, biegt am Ortsende nach rechts auf den Rad- und Wanderweg nach Duchroth, bleibt auf dem Weg geradeaus, folgt an der ersten Gabelung nicht dem Radweg. An der zweiten Weggabelung hält man sich nach links. Der Weg ist ausgeschildert. Man passiert Wein- und Kornfelder, sieht bald schon Duchroth mit dem charakteristischen grünen Kirchturm- dach. Von Oberhausen nach Duchroth sind es etwa drei Kilometer.

Durch das malerische Duchroth geht es weiter entlang der Naheweinstraße. An der Pappelallee biegt man nach links auf den Wanderweg 18 und folgt der Markierung blauer Streifen auf weißem Grund, die einen bis zum Disbodenberg führt. Man hat nun auf der gesamten Strecke bis hin nach Odernheim am Glan immer wieder wunderbare Panoramaausblicke. Sie erreichen schließlich eine Stelle, wo der Wanderweg 18 nach links abbiegt und auf dem Wiesenweg nach rechts eine Bank neben einem Windsack steht (Vorsicht, unmittelbar vor der Bank ist ein durch Buschwerk verdeckter Steilhang!). Von hier oben haben Sie eine wunderbare Orientierung über das Etappenziel. Direkt vor Ihnen liegt der Disibodenberg, erkennbar durch die weiße Hildegardkapelle. Rechts am Fuß des Berges sehen Sie das Hofgut, das sie später entlang des Glan erreichen werden und wo der Eingang zum Museum und zur Klosteranlage ist. Links vom Disibodenberg liegt Odernheim am Glan. Von Duchroth nach Odernheim am Glan sind es etwa fünf Kilometer.

An dem angegebenen Aussichtspunkt folgen Sie dem Wanderweg 18, biegen aber an der nächsten Gabelung nach rechts ab. Der Weg führt sie zu einer kleinen, asphaltierten Straße. Hier geht es rechts nach Odernheim am Glan. Laut Schild sind es jetzt noch 1,9 Kilometer bis in den Ort.

Man geht nun durch das historische Odernheim und überquert den Glan auf einer Brücke. Sie passieren auf der anderen Seite die Bannmühle (angenehmer Rastplatz mit Hofladen für Kaffee und andere Getränke, geöffnet mittwochs und freitags 16 – 18 Uhr und samstags von 10 – 12.30 Uhr). Nach der Bannmühle biegt man nach rechts in den Kirchweg ab und folgt dem ausgeschilderten Weg zum Disibodenberg. Hier gibt es zwei Varianten. Man kann entlang des Glan und der

Schienen der Draisinenbahn bleiben und erreicht schließlich die Gabelung, wo man auf den Weinwanderweg trifft und das Hofgut am Fuß des Disibodenberges sieht. Oder man folgt knapp einen Kilometer nach der Bannmühle dem Schild Disibod-Treppe und kommt nach einem Anstieg direkt auf dem Berg an. Beide Varianten sind ausgeschildert, so dass man den Weg nicht verfehlen kann.

Entscheidet man sich für den Weg über Oberhausen, so hat man von Niederhausen statt 17 nur etwa 12 Kilometer, kürzt die Schleife der Nahe diagonal ab. Vorteil dieser Route sind vor allem das phantastische Panorama, das zugleich Orientierung über Odernheim, Staudernheim und den Disibodenberg bietet. Abgesehen davon hat man nach der Strecke durch die Weinberge nun eine andere, abwechslungsreiche Landschaftsform und mit Duchroth und Odernheim am Glan Orte mit besonderen historischen Sehenswürdigkeiten. Informationstafeln weisen in beiden Orten darauf hin und befinden sich auch an den historischen Gebäuden.

Weg zwischen Duchroth und Odernheim am Glan

Blick auf den Disibodenberg

Panorama zwischen Duchroth und Odernheim am Glan

An der Bannmühle, Odernheim am Glan

Variante über Sponheim

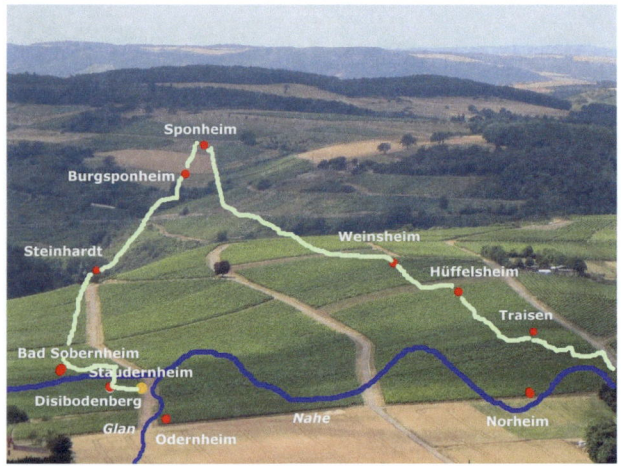

Wegeskizze (nicht maßstabsgerecht)

Will man die etwas längere Variante über Sponheim gehen, passiert man, vom Rotenfels kommend, den unteren Rand des Ortes Traisen, überquert die Straße, die nach Norheim führt und biegt unmittelbar oberhalb des Buchenländerhofes auf den Weg in die Weinberge. Oben auf der Hügelkuppe sieht man Hüffelsheim nahe vor sich. Man landet in der Norheimer Straße, geht geradeaus auf den Turm der kath. Kirche zu, passiert die Kirche, geht dann nach rechts, geht an der weißen ev. Kirche vorbei und dann nach links. Man folgt dem Wegweiser mit dem roten Dreieck bis hin zur Radtrasse.

Trasse Hüffelsheim-Weinsheim

Landschaft zwischen Sponheim und Burgsponheim

Weg Sponheim-Burgsponheim

Blick auf Sponheim mit Klosterkirche

Nach rechts geht der Weg nach Rüdesheim. Nach links geht es nach Weinsheim. Die Radtrasse ist selbst am Wochenende kaum befahren. Es ist ein sehr schöner Weg mit weiten Panoramablicken.

Bald überquert man auf der Trasse die Straße nach Weinsheim, geht gegenüber weiter. Man gelangt zur Weinsheimer Höhe, biegt an den nächsten Gabelungen nach rechts und überquert auf einer Brücke die B41. Bald hat man den Rand von Weinsheim erreicht, geht auf den Turm der Herz-Jesu-Kirche zu, überquert einen Bach, geht an der Straße nach links und dann rechts in die Sponheimer Straße. Nach etwa 150 erreicht man die Straße ,Weidengarten'. Hier geht es nach links weiter Richtung Burgsponheim (die Stelle ist bestens ausgeschildert, Burgsponheim 4,9 km). Zugleich ist der Weg auch als Kleinbahn Radrundweg mit dem Zeichen einer Lokomotive markiert. Nach etwa einem Kilometer verlässt man die Radtrasse, geht den Hang hinauf in die Weinberge (ist ausgeschildert). Man hat sehr schöne Panoramblicke auf Burgsponheim. Der Weg endet an einer Straße. Von hier sieht man schon das Ortsschild ,Sponheim'. Durch den Ort geht es zunächst an der ev. Kirche vorbei. Man läuft auf das Rathaus zu, sieht auch schon den Turm der Klosterkirche. Man überquert am Rathaus die Kreuznacher Straße und geht in die Klosterstraße zur Klosterkirche hoch.

Von der Klosterkirche aus geht es auf der Klosterstraße zurück. Man biegt nach rechts in die Feldbergstraße, dann wieder nach rechts Richtung Bockenau. Am Wegweiser ‚Burgsponheim' geht es nach links auf den Wanderweg. Nach knapp zwei Kilometern hat man den Ort erreicht. Man folgt durch den Ort der Straße Richtung Bockenau. Nun geht es etwa 800 Meter am Straßenrand entlang, bis man den Wegweiser zum Marienpforterhof (3,8 km) und nach Bad Sobernheim (8,4 km, Nahehöhenweg, markiert mit weißem N auf grünem Grund) erreicht. Hier geht es nach links den Hang hinauf. Oben, wenn man Waldböckelheim sieht, geht es nach rechts. Man folgt dem Wegweiser ‚Leos Ruh' (0,5 km). Die Straße nach Bockenau wird überquert, es geht nach rechts weiter und kurz darauf nach links zu ‚Leos Ruh' (Hotel) in den Forstweg. Man erreicht ein idyllisches Rasthäuschen, geht weiter geradeaus auf dem Forstweg. An der nun folgenden Kreuzung verführt ein Schild nach links abzubiegen zum Ort Steinhardt, der auf dem Weg nach Bad Sobernheim liegt. Hier aber nicht (!) abbiegen, denn im folgenden Geflecht der Pfade fehlen die weiteren Beschilderungen und man landet leicht an der B 41 und dann in Waldböckelheim. Man geht also hier weiter geradeaus, folgt dem Nahehöhenweg, der allerdings mit einem N auf blauem Grunde markiert ist. Den Grund für die unterschiedlichen Einfärbungen (grün und blau) hat mir bisher niemand erklären können. Man soll sich dadurch nicht verwirren lassen. An der nächsten Kreuzung folgt man dem N-Zeichen nach links (ausgeschildert mit Bad Sobernheim, Steinhardt und Marienpforterhof). Bei dieser Variante ist man auf der sicheren Seite. Bis Bad Sobernheim sind es jetzt noch 5,9 km. Bis zum Marienpforterhof (ein ehemaliges Kloster) sind es noch 1,1 km. Man bleibt auf diesem Weg und nimmt keine Abbiegung nach links, die wiederum nur nach Waldböckelheim führt. Man passiert den Marienpforterhof und folgt der Markierung N auf den Pfad rechts nach oben. Auf der Höhe angelangt, erreicht man Weinberge und sieht auch schon den Ort Steinhardt. Man erreicht die Straße, die durch den Ort führt, geht nach rechts und bald wieder (an einer Pizzeria) nach links. An der kurz darauf folgenden Gabelung nimmt man den Weg nach links und überquert bald die Brücke über die B41. Auf der Höhe mit schönen Ausblicken geht es nun meist bergab nach Bad Sobernheim. Unten im Ort geht es nach rechts auf den Kreisverkehr zu. Hier geradeaus zum Marktplatz, wo man die Kirche St. Matthias sieht. Auf diesem Stück Weg kommt man auch an dem Areal mit den Supermärkten vorbei.

In Bad Sobernheim empfiehlt sich der Besuch der evangelischen St. Matthias-Kirche (modernes Disibod-Fenster, die Maurerkelle als Attribut Disibods soll die Klostergründung symbolisieren, die Trauben stehen für Disibod als Kulturstifter) und der katholischen Kirche St. Matthäus (klassisch-hagiographisches Disibodfenster). In dieser Kirche findet man auch ein Hildegard-Fenster. Die Äbtissin vom Disibodenberg schreibt an ihrem Werk ‚Scivias'.

Für den Einstieg in den weiteren Weg nach Staudernheim geht man vom Marktplatz ein paar Meter zum ReWe-Supermarkt, überquert den Parplatz, biegt nach links in die Poststraße und sogleich nach rechts in die Felkestraße. Vor der Brücke biegt man nach links zur Nahe hin und gelangt den Fluss entlang zum Barfußpfad. Man könnte nun den Barfußpfad nehmen und dann an einem Drahtseil in mittelalterlich-pilgergemäßer Weise durch eine Furt auf die Staudernheimer Seite wechseln. Aber man kann auch am Kassenhäuschen für den Barfußpfad links durch die Unterführung gehen und dann gleich rechts weiter die Nahe entlang. Man erreicht schließlich eine Brücke, die über den Fluss nach Staudernheim führt und biegt hinter der Brücke nach links in den ‚Klosterweg'. Ein Schild ‚Klosterruine Disibodenberg 0,9 km' zeigt die Richtung. Man folgt der Straße und biegt dann einem weiteren Hinweisschild folgend von der Straße nach rechts ab auf einen Pfad, der auf ein paar hundert Metern hochführt zu einer anderen Straße (hier nach links, nach ein paar Metern ist das Ziel erreicht).

Sponheim

Mit Sponheim betritt man, was das Naheland angeht, eins der Machtzentren des Mittelalters. Es soll hier nicht die komplexe und teils auch ungeklärte Stammtafel der Sponheimer Grafen vorgestellt werden. Unter den Staufern und auch Saliern spielten sie eine bedeutende Rolle im Raum zwischen Mosel, Rhein und Nahe. Wahrzeichen des Ortes ist die Klosterkirche. 1124 - zu dieser Zeit ist Hildegard auf dem Disibodenberg - ziehen die ersten Mönche in das Kloster Sponheim. 1565 wird im Zuge der Reformation das Benediktinerkloster aufgelöst. Der letzte Abt, Jakobus Spira, tut es Luther gleich und heiratet. Die Auserwählte ist die Äbtissin des Klosters St. Catharinen (ehemaliges Kloster der Zisterzienserinnen bei Bad Kreuznach). Für einen historischen Roman wäre es eine überaus spannende

Geschichte, was sich da an Konflikten abgespielt haben mag.

Was den Hildegard-Pilgerweg betrifft, ist eine figürliche Darstellung in der Klosterkirche besonders interessant. Die Figur zeigt laut Kirchenführer die Grafentochter Jutta von Sponheim. Die junge Hildegard schmiegt sich aufschauend an ihr Ordensgewand. Das Verhältnis Lehrerin-Schülerin soll anschaulich gemacht werden. Ob das allerdings so zutrifft, sei dahingestellt. Jutta war gerade mal sechs Jahre älter als Hildegard. Es dürfte sich wohl eher um das seit dem 14. Jahrhundert in der christlichen Ikonographie beliebte und populäre Thema ‚Anna lehrt Maria das Lesen' handeln. Eine sehr ähnliche Darstellung der Mutter Mariens findet sich im Naheland zum Beispiel in der Jakobuskirche von Stromberg. Über das Leben der Jutta von Sponheim informiert am besten das Sponheim-Heft Nr. 21 von Franz Staab (siehe Anhang ‚Literatur).

Eine weitere Person der Klostergeschichte ist von besonderem Interesse. Es ist der 25. Abt, Johannes Trithemius (Abt von 1483-1505). Sein Verdienst ist es unter anderem, eine umfangreiche Klosterbibliothek (wahrscheinlich die damals größte in Deutschland) angelegt zu haben und eine Chronik des Klosters zu verfassen. Trithemius bringt als Geburtsort Hildegards das nahe Böckelheim ins Spiel. In der neuzeitlichen Forschung weist man Trithemius einige Irrtümer nach. Insbesondere Heinzelmann [siehe Anhang ‚Literatur'], der als Geburtsort Niederhosenbach ausmacht, übt scharfe Kritik. Aber schüttet man da das Kind nicht mit dem Bade aus? Warum sollte Böckelheim nicht doch stimmen? Weiß man denn, über welche Quellen der Sponheimer Abt in dieser Hinsicht verfügte? Immerhin hat der Mann 500 Jahre Vorsprung vor der neuzeitlichen Hildegard-Forschung. Und hinzu kommt noch: Wenn Trithemius etwas über Hildegard erfahren will, besucht er den Abt des Klosters Disibodenberg und fragt oder lässt sich hier Aufzeichnungen geben. Der Disibodenberg liegt gerade mal zwei Reitstunden von Sponheim entfernt. Reiten war für die Äbte damals genauso selbstverständlich wie für uns heute das Autofahren. Auch Hildegard war eine ausgezeichnete Reiterin. Solange wir also die Quellen des Trithemius nicht genau kennen, sollte man vorsichtig sein.

Dichter einer späten Romantik haben die Angaben des Sponheimer Abtes aufgegriffen und anrührende Szenen beschrieben, wie die junge Hildegard dem zu Burg Böckelheim gefangenen Kaiser Heinrich IV. am Heiligen Abend ein Weihnachtsbäumchen bringt oder für ihn betet. Was ist, wenn sich dereinst herausstellen sollte, dass diese Dichter gar nicht so falsch lagen?

Niederhosenbach scheint der derzeitig wahrscheinliche Geburtsort zu sein. Aber wo sind in Niederhosenbach die Reste von Hildeberts oder Hildebrechts Burg? Die Gegend um Sponheim, Schloss Böckelheim und Waldböckelheim sieht in diesem Punkt ganz anders aus! Letztlich aber mag es egal sein, wo Hildegard geboren wurde. Darauf kommt es nicht an. Sie selbst sagt in ihren Schriften nichts zu ihrer Herkunft. Ebenso ihre ersten Biographen. Die soziologische Nabelschau ist dem hohen Mittelalter fremd. Der genaue Geburtsort wäre nur für eine positivistisch orientierte Geschichtsschreibung interessant. Also soll es, solange nicht das Gegenteil bewiesen ist, ruhig Niederhosenbach sein. Es ist zweifellos ein schöner, idyllischer Hildegard-Ort, wo ein Pilgerweg zum Disibodenberg, wenn man denn vom Geburtsort starten will, sinnfällig beginnen kann. Der von Niederhosenbach nach Herrstein führende Mittelalterpfad ist einfach ideal dazu.

.

Der Disibodenberg

St. Disibod am Disibodenberg (nach einem Stich von
Raphael Sadeler – entnommen aus Wikipedia)

Bei dem Ort Odernheim liegt am
Zusammenfluss von Glan und Nahe der
Disibodenberg, eher ein Hügel als ein Berg
oder genauer gesagt ein Sporn, der sich in
diesen Zusammenfluss hinein schiebt.
Aufgrund von modellhaften Rekonstruktionen
vermutet man eine frühe römische Besiedlung
mit der Möglichkeit eines Jupiterheiligtums.
Seinen Namen hat der Hügel von dem iro-
schottischen Wandermönch Disibod. So
idyllisch und bukolisch verträumt wie auf dem
Stich von Raphael Sadeler werden die Anfänge

einer klösterlichen Gemeinschaft an einem Hang des Disibodenberges nicht gewesen sein. Im 7. Jahrhundert lässt sich ein vermutlich irischer Wandermönch namens Disibod mit drei Gefährten am Zusammenfluss von Glan und Nahe nieder, baut Hütten, kultiviert das Land, missioniert. Im 8. Jahrhundert entsteht auf dem Berg ein Kloster. Die Gebeine Disibods werden vom Grab bei seiner Klause in die Klosterkirche überführt. Und zwar vom Mainzer Bischof Bonifatius, bekannt als ‚Apostel der Deutschen'. Die grob-zeitlichen Angaben sind mit einem Fragezeichen zu versehen. Vieles verliert sich unwiderruflich im Dunkel der Geschichte. Über das Leben Disibods gibt es nur eine einzige Quelle, die ‚Vita Sancti Disibodi', die Hildegard 1170, also ein paar Jahrhunderte später, verfasste [siehe Anhang ‚Literatur']. Sie beruft sich auf eine mystische Vision, wird manches aber noch aus mündlicher Überlieferung gekannt haben. Sie beschreibt Disibod als einen bescheidenen, demütigen, tatkräftigen Evangelisten. Zu seiner Ankunft am Disibodenberg gibt sie an: „Nach einem Marsch durch abgelegene Gegenden [gelangte] er an den Glan. Er überquerte ihn und sah einen hohen bewaldeten Berg, den er nach zehn Jahren seiner Pilgerschaft bestieg." Laut Hildegard spricht er bei diesem Anblick: „Herr, der du über den Himmeln wohnst und auch die unermessliche Tiefe beherrschst, ich bitte, dass die Lieblichkeit dieses Ortes ausschlägt zur Lieblichkeit der Seelen."

In der Kirche St. Johannes Baptist in Staudernheim findet sich neben St. Hildegard auch eine Figur St. Disibods. Das feierliche Ornat, das er so nie getragen hat, soll nur seine Bedeutung hervorheben. Laut Hildegard hat er Zeit seines Lebens das schlichte Pilgergewand nie abgelegt. Das Kirchenmodell, das er bei der Staudernheimer Darstellung in der Hand hält, soll ihn als Gründungsvater ausweisen. Seit dem 1.1.2016 gibt es auch eine Pfarreigemeinschaft, die unter seinem Patronat steht (Pfarrei Hl. Disibod Feilbingert). Sie ist europaweit die einzige, wahrscheinlich auch weltweit.

Im wechselhaften und kriegerischen Zeitlauf der auf Disibod folgenden Jahrhunderte verliert das Kloster an Bedeutung, bis um die Jahrtausendwende der Mainzer Erzbischof Willigis dort ein Kanonikerstift gründet und schließlich um 1100 Erzbischof Ruthard von Mainz Benediktinermönche auf den Berg beruft und das Kloster wieder herstellen lässt.

Anfang des 12. Jahrhunderts, wahrscheinlich 1112, kommt Hildegard auf den Disibodenberg. Die Altersangaben in der Literatur schwanken zwischen 8 und 14

Jahren. Die Mönche Gottfried und Theoderich geben in der Vita ein Alter von acht Jahren an. Am wahrscheinlichsten aber ist ein Alter von 14. Hildegard kommt zusammen mit der um sechs Jahre älteren Jutta von Sponheim/Spanheim und einer weiteren Inklusin. Die Frauen haben neben den von Ruthard berufenen Mönchen ihren eigenen Bereich. Es entsteht im Laufe der folgenden Jahre ein eigenes Frauenkloster, deren Magistra nach dem Tod von Jutta von Sponheim im Jahr 1136 Hildegard wird.

In den Jahrhunderten nach Hildegard erlebt das Kloster auf dem Disibodenberg eine wechselvolle Geschichte, insbesondere im Dreißigjährigen- und im Pfälzischen Erbfolgekrieg. Der letzte Abt, Peter von Limbach, tritt 1559 im Zuge der Reformation das Kloster an den Meisenheimer Erbvogt Herzog Wolfgang zu Zweibrücken ab, der der Reformation zugewandt ist und als Landesherr die Glaubensrichtung bestimmt. Peter von Limbach wird evangelischer Pfarrer in Meisenheim.

Ende des 18. Jahrhunderts wird das Kloster als Steinbruch freigegeben. Die Odernheimer und Staudernheimer bauen neue Häuser. 1809 gelangen die Reste des Klosters in Privatbesitz. Im Laufe der Jahre und Generationen werden Wert und Bedeutung des Geländes mehr und mehr erkannt. Gegen Ende des zwanzigsten Jahrhunderts erfolgt eine systematische archäologische Sicherung. Der Disibodenberg wird als archäologische Kulturlandschaft und sakrale Gedenkstätte gepflegt und erhalten, seine spirituelle Atmosphäre bewahrt. Wir finden dort heute die imposanten Reste der damaligen Klosteranlage, eine neue Hilde-gardkapelle, einen Meditationsweg mit Hildegard-Sentenzen, ein kleines Museum am Eingang zum Berg und eben auch wunderschöne Ausblicke auf das Land bei Nahe und Glan. Um den Erhalt und die Pflege der Anlage kümmert sich seit 1989 die Scivias-Stiftung.

Hildegardfenster, St. Matthäus, Bad Sobernheim

In Staudernheim empfiehlt sich ein Besuch der katholischen Kirche St. Johannes Baptist. Es ist eine barocke Saalkirche, 1768-1770 erbaut. In der Kirche sind Figuren von Hildegard von Bingen und des hl. Disibod. Sehenswert auch die evangelische Kirche, ein neugotischer Saalbau mit einer Innenausmalung floraler Motive. Den Schlüssel für die ev. Kirche bekam man bislang im Laden gegenüber der Kirche. Dieser Laden aber hat neuerdings nur noch sonntags von 7.30 bis 10.30 geöffnet.

Will man von Staudernheim nicht direkt nach Bingen zurückkehren, kann man am linken Ufer der Nahe entlang nach Bad Sobernheim gehen (4 km). Hier gibt es Möglichkeiten zur Übernachtung und ebenfalls einen Bahnhof [zu Bad Sobernheim und den Kirchenfenstern mit Disibod und Hildegard siehe auch ‚Variante über Sponheim]. Oder aber man besucht das schöne Odernheim am Glan. Von hier fährt ein Bus nach Staudernheim und Bad Sobernheim. Um in das nahe Odernheim zu gelangen, kann man entlang des Glan und der Draisinenschiene gehen. Oder man nimmt die Disibod-Treppe und gelangt nach nur einem Kilometer zur Odernheimer Bannmühle, wo es eine Einkehrmöglichkeit gibt. Die Wege sind ausgeschildert.

Anhang

Anreise

Eine Anreise mit dem Zug erfolgt rechtsrheinisch nach Rüdesheim, links-rheinisch nach Bingen. Bingen hat zwei Bahnhöfe, einen Stadtbahnhof ohne Halt für IC-Züge und einen Hauptbahnhof, an dem auch einige, aber nicht alle IC-Züge halten. Der Hauptbahnhof liegt in Bingerbrück bei der Nahebrücke, die man nach Bingen hinein überquert, um dann zum Rheinufer zu gehen und mit der Personenfähre oder auch Autofähre nach Rüdesheim überzusetzen.

Auf der Strecke von Bingen nach Staudernheim zum Disibodenberg haben folgende Orte einen Bahnhof mit Zügen Richtung Bingen bzw. Staudernheim: Münster-Sarmsheim, Laubenheim, Langen-lonsheim, Bretzenheim, Bad Kreuznach, Bad Münster am Stein, Norheim, Staudernheim, Bad Sobernheim. In Niederhausen fährt ein Bus nach Bad Münster am Stein bzw. in die andere Richtung nach Staudernheim. Laut aushängendem Fahrplan fährt von Montag bis Freitag der letzte Bus um 19.14 Uhr nach Bad Münster am Stein. Für Samstag ist nur ein Bus angegeben (8.24 Uhr), für Sonntag keiner.

Von Guldental kann man mit dem Bus nach Bad Kreuznach fahren.

Unterkünfte

Bingen

Hotel Krone, Rheinkai 19-20, 55411 Bingen am Rhein, Tel.: 06721/17016, www.hotel-krone-bingen.de [preiswertes, angenehmes Hotel Nähe Rheinufer]

Haus Clara, Rheinkai 3, 55411 Bingen am Rhein, Tel.: 06721/921880 [Pension, Übernachtung ohne Frühstück]

Rheinhotel Starkenburger Hof, Rheinkai 1-2, 55411 Bingen am Rhein, Tel.: 06721/14341

Hotel Rheingau, Rheinkai 8-9, 55411 Bingen am Rhein, Tel.: 06721/17496, www.hotel-restaurant-rheingau.de

Haus Menzel, Leitergasse 1, 55411 Bingen am Rhein, Tel.: 06721/2851 [Privatzimmer]

Das ist nur eine Auswahl der zahlreichen Unterkunftsmöglichkeiten in Bingen. Die Touristeninformation befindet sich neben dem o.a. Hotel Krone.

Weiler

Gästehaus Rudolf Spira, Hofstr. 44, 55413 Weiler, Tel.: 06721/35465

Münster-Sarmsheim

Trollmühle, Rheinstr. 199, 55424 Münster-Sarmsheim, Tel.: 06721/44066, www.hotel-trollmuehle.de [gemütlich, schöne Atmosphäre, Biergarten und einiges mehr, liegt am Weg, am Rande von Münster-Sarmsheim Richtung Laubenheim]

Hotel Münsterer Hof, Rheinstr. 35, 55424 Münster-Sarmsheim, Tel.: 06721/41023, www.muensterer-hof.de

Laubenheim

Gästehaus ‚So wie du', Naheweinstr. 66, 55452 Laubenheim, Tel.: 06704/1228, www.so-wie-du.de

Guldental

Hotel Kaiserhof, Hauptstr. 2-4, 55452 Guldental, Tel.: 06707/94440, www.kaiserhof-guldental.de

Weingut Schmitt-Graf, Hauptstr. 6, 55452 Guldental, Tel.: 06707/960360, www.weingut-schmitt-graf.de [Gästezimmer]

Hotel Enk ‚Das Hotel im Weingut', Naheweinstr. 36, 55452 Guldental, Tel.: 06707/9120, www.hotel-enk.de

Gästehaus Tanja, Heddesheimerstr. 50, 55452 Guldental, Tel.: 06707/1068

Bretzenheim

Hotel ‚Grüner Baum', Kreuznacher Str. 33, 55559 Bretzenheim, Tel.: 0671/836340, www.gruener-baum-bretzenheim.de

Haus Sonneck, Kirchstr. 17, 55559 Bretzenheim, Tel.: 0671/36180, [Privatzimmer]

Haus Immergut, Große Str. 14, 55559 Bretzenheim, Tel.: 0671/30161, [Privatzimmer]

Bad Kreuznach

Hotel Restaurant Mühlentor, Mühlenstr. 9, 55543 Bad Kreuznach, Tel.: 0671/838200, www.hotel-muehlentor.de [fast am Weg, in Nähe der Pauluskirche]

Hotel zur Klause, Mühlenstr. 66-70, 55543 Bad Kreuznach, Tel.: 0671/32159

Hotel Haus Wald, Schloßstr. 5, 55543 Bad
Kreuznach, Tel.: 0671/2988288

Hotel am Kornmarkt, Kornmarkt 1, 55543 Bad
Kreuznach, Tel.: 0671/481681,
www.wolpertinger-bad-kreuznach.de

Pension Haus Mohr, Heinrichstr. 2a, 55543 Bad
Kreuznach, Tel.: 0671/31150

Pension Haus Keller, Philippstr. 6, 55543 Bad
Kreuznach, Tel.: 0671/25510

Nahetal-Jugendherberge, Rheingrafenstr. 53,
55543 Bad Kreuznach, Tel.: 0671/62855

Ferienwohnung Werner Müller, Klappergasse
14, 55545 Bad Kreuznach, Tel.: 0671/31817,
www.panoramapforte.de [am
Weinwanderweg]

Bad Münster am Stein-Ebernburg

Gästehaus Schönbein, Fischerhof 2, 55583 Bad
Münster am Stein, Tel.: 06708/1051, mobil:
01772892265 (zentral in Bad Münster am Stein
und liegt am Weg)

Hotel Naheschlösschen, Berliner Str. 69, 55583
Bad Münster am Stein, Tel.: 06708/661031,
www.naheschloesschen.de

Hotel Krone, Berliner Str. 73-75, 55583 Bad
Münster am Stein, Tel.: 06708/840,
www.hotel-krone-nahe.de

Haus Thomas, Rotenfelser Str. 1, 55583 Bad
Münster am Stein, Tel.: 06708/63000,
www.gaestehaus-thomas.de [Pension, am
Weinwanderweg]

Haus Edelstein, Alter Salinenweg 5, 55583 Bad
Münster am Stein, Tel.: 06708/2094,
www.haus-edelstein.de [Pension]

Pension Heinz, Berliner Str. 51, 55583 Bad
Münster am Stein, Tel.: 06708/1449

Niederhausen

Zum Stausee, Restaurant und Pension, Selma
& Gürkan Cakan, Am Stausee 28, 55585
Niederhausen, Tel.: 06758/969661,
www.restaurant-zum-stausee.de

Weingut Gästehaus Franzmann, Horst und Ilse
Franzmann, Winzerstr. 22, 55585
Niederhausen/Nahe, Tel.: 06758/6768,
www.weingut-franzmann.de, [Gästezimmer]

Weingut Mathern, Winzerstr. 5, 55585
Niederhausen/Nahe, Tel.: 06758/6714,
www.weingutmathern.de, [Gästezimmer]

Gutsverwaltung Niederhausen-
Schlossböckelheim, Ehemalige
Weinbaudomäne, 55585 Niederhausen, Tel.:
06758/92500, www.riesling-domaene.de,
[Gästezimmer]

Gästezimmer bietet auch das Jägerstübchen
gegenüber der Bushaltestelle an. Tel.:
06758/6054

Norheim

Haus Braun, Im Effengarten 34, 55585
Norheim, Tel.: 0671/31323 [Privatzimmer]

Weingut Buchenländerhof, Buchenländerhof,
55595 Norheim, Tel. 0671/31219,
www.buchenlaenderhof.de [Gästezimmer]

Weinsheim

Cosima Panter - Gold- und Silberschmiede /
Ellerbachscheune / Ferienwohnung
Kreuznacher Str. 13
55595 Weinsheim
Tel: 06758-804551

Gästezimmer Karola Seelig
SEELIG`S Ferienwohnung
Fronenberg 16
55595 Weinsheim
Tei. 0172-6143337 0der 0172-6544222

Hüffelsheim

Wein- und Gästehaus Willibald Eckes
moderne Gästezimmer, Appartements und
Ferienwohnungen
Willibald Eckes
Kirchstraße 10, 55595 Hüffelsheim
Tel.: 0671/43145 /

Ferienwohnung
Familie Dieter Riedel
Traisener Straße 10,
55595 Hüffelsheim
Tel.: 0671/27590

Sponheim

Ferienwohnung Turmstube Ute Rennette
Klosterstraße 3
55595 Sponheim
Tel.: 06758-6182
Email: info@turmstube-sponheim.de

Weingut Bauer
Kreuznacher Str. 29
55595 Sponheim

Tel.: 0675/6549 oder 7883

Bad Sobernheim

Über die zahlreichen Unterkunftsmöglichkeiten in Bad Sobernheim gibt am besten Auskunft die Website: www.bad-sobernheim.de/kur-tourismus/unterkünfte

Odernheim am Glan

Ferienwohnung und Gästezimmer, Fam. Horst Hartmann, Maxdorfstr. 26, 55571 Odernheim, Tel.: 06755/364 und 0171/2497048, www.ferienwohnung-hartmann-odernheim.de

Ferienwohnung Doris und Atschy Hankir, Maxdorf[str.] 95, Tel.: 06755/060607, mobil: 0179/6145219, www.ferienwohnung-hankir-odernheim.de [man wohnt hier in einem schönen, idyllisch gelegenen Bungalow bei einem Zauberer]

Ferienwohnung Euler, Im Weidengarten 5, Tel.: 06755/1391, www.ferienwohnung-euler.de

Ferienwohnug Göhler, Eduard-Nagel-Straße 19, Tel.: 06755/9272, www.ferienwohnung-odernheim.de

Gästezimmer Bannmühle, Staudernheimer Str. 1, Tel.: 06755/1053, www.bannmuehle.de

Staudernheim

Gasthaus Zum Naheblick, Bahnhofstr. 4, 55568 Staudernheim, Tel.: 06751/4647

Gästehaus Weindorf, Mainzer Str. 1, 55568 Staudernheim, Tel.: 06751/2996

Rosenschlösschen/Tanneneck, Bergstr. 15-19, 55568 Staudernheim, Tel.: 06751/2655, www.gaestehaus-tanneneck.de

Nützliche Links

www.landderhildegard.de

www.bingen.de

www.ruedesheim.de

www.naheland.net

www.abtei-st-hildegard.de

www.hildegard-forum.de

www.rupertsberger-hildegardgesellschaft.de

www.scivias-institut.de

www.disibodenberg.de

Öffnungszeiten

Museum am Strom: Di – So 10-17 Uhr

Disibodenberg Museum: April – Oktober
freitags 14-17 Uhr, samstags 12-18 Uhr, Sonn-
und Feiertag 11-17 Uhr und auf Anfrage [der
Besuch der Klosteranlage ist unabhängig von
den Öffnungszeiten des Museums, Zuweg
auch außerhalb der Öffnungszeiten möglich]

Abtei St. Hildegard: Die Kirche ist jederzeit
zugänglich, täglich 5 -20 Uhr

Kath. Pfarrkirche St. Hildegard, Eibingen:
täglich von 8.30-17.00 Uhr, im Sommer bis 18
Uhr

Gewölbekeller Rupertsberg (Am Rupertsberg
16). Das Rupertsberger Gewölbe befindet sich
direkt gegenüber einem Computerladen und
direkt neben einem Sonnen- und
Kosmetikstudio. Das Gewölbe ist geöffnet ab
6. 4. 2014 jeden Sonn- und Feiertag von 14 bis
17 Uhr. Wer außerhalb dieser Zeit den

Gewölbekeller besuchen will, kann sich unter der Telefonnummer 06721984368 anmelden.

Touristinformation Bingen (Rheinkai 21, 55411 Bingen,Tel.: 06721/184-206): Hauptsaison (19.4. - 31.10.): Mo-Fr 9–18 Uhr, Sa 9–17 Uhr, So ab 4.5. 10–13 Uhr. Nebensaison (1.11.- Ostern 2015): Mo 9–18 Uhr, Di – Do 9–16 Uhr

Touristinformation Bad Kreuznach (Kurhausstr. 22-24, 55543 Bad Kreuznach, Tel.: 0671/83600-50): Nov. – März Mo-Fr 9-16 Uhr, Apr. – Okt. Mo-Fr. 9-17 Uhr, Sa 9-16 Uhr, So/Feiertage 11-16 Uhr

Touristinformation Rüdesheim (Rheinstr. 29a, 65385 Rüdesheim am Rhein, Tel.: 06722/90615-0): Jan. – Ende März Mo-Fr 9-16.30 Uhr, Anfang Apr. – November Mo-Fr. 8.30-18.30 Uhr, Sa + So 10-16 Uhr

Literatur:

Lebensbeschreibung des Heiligen Disibod : Bischof und Bekenner in Dysemberg, Bistum Mainz, Deutschland / niedergeschrieben von der Heiligen Hildegard. Nach dem lat. Orig.-Text der sämtlichen Werke der hl. Hildegard, hrsg. von C. Darernberg, ... ins Dt. übertr. von

Alfred Schwab. Hrsg.: Freundeskreis der Burg Sponheim e.V., 2009 (Sponheim-Hefte Nr. 42)

Gottfried Kneib: Der heilige Disibod, Vita und Gesänge, lateinisch und deutsch. In. Heimatliche Schriftenreihe des Landkreises Bad Kreuznach, Bd. 38

Das Nahegebiet zwischen Bad Kreuznach und Idar-Oberstein im Mittelalter und auch zuvor. Hrsg.: Freundeskreis der Burg Sponheim e.V., 2000 (Sponheim-Hefte Nr. 23)

Wolfgang Hage: Das Christentum im frühen Mittelalter (476 – 1054). Göttingen 1993

Josef Heinzelmann: Hildegard von Bingen und ihre Verwandten. Genealogische Anmerkungen. Jahrbuch für westdeutsche Landesgeschichte, 23. Jg. 1557 (Im Internet zugänglich unter: www.manfred-hiebl.de/genealogie-mittelalter/heinzelmann_josef/hildegard_von_bingen.html

Das Leben der heiligen Hildegard von Bingen – Ein Bericht aus dem 12. Jahrhundert verfasst von den Mönchen Gottfried und Theoderich. Aus dem Lateinischen übersetzt und kommentiert von Adelgundis Führkötter. Salzburg 1980

Charlotte Kerner: Alle Schönheit des Himmels
– Die Lebensgeschichte der Hildegard von
Bingen. 5. Aufl. Weinheim und Basel 1996

Barbara Beuys: Denn ich bin krank vor Liebe –
Das Leben der Hildegard von Bingen.
Frankfurt a.M. und Leipzig, 2001

Christian Feldmann: Hildegard von Bingen –
Nonne und Genie. Freiburg 2012

Falko Daim und Antje Kluge-Pinsker (Hrsg.):
Als Hildegard noch nicht in Bingen war. Der
Disibodenberg – Archäologie und Geschichte.
Verlag des Römisch-Germanischen
Zentralmuseums und Schnell & Steiner,
Mainz/Regensburg 2009

Franz Staab: Das Leben der Jutta von
Sponheim, Sponheim-Hefte, Nr. 21

Jürgen Pankatz: Johannes Trithemius,
Sponheim-Hefte, Nr. 43

Wanderkarten:

,Weinwanderweg Rhein-Nahe' im Maßstab
1:50 000, herausgegeben vom Trägerverein
Naturpark Soonwald-Nahe e.V., erschienen im
Galli-Verlag (www.galli-verlag.de).

Naturpark Soonwald-Nahe, Blatt 4, Topographische Karte 1:25 000, Landesamt für Vermessung und Geobasisinformation Rheinland-Pfalz, zugleich Wanderkarte des Hunsrückvereins e.V.

Für die Verlängerung Disibodenberg – Niederhosenbach: Naturpark Soonwald-Nahe, Blatt 2, Kirn, Topographische Karte 1:25 000, Landesamt für Vermessung und Geobasisinformation Rheinland-Pfalz, zugleich Wanderkarte des Hunsrückvereins e.V.

Zeittafel:

5. Jh. – Das weströmische Reich löst sich auf. Übergang von der Antike zum frühen Mittelalter

498 – Der Frankenkönig Chlodwig I. lässt sich taufen, Expansion des Frankenreiche

6. Jh. – frühfränkische Besiedlung des Glan-Nahe-Raums

Anfang 7. Jh. – Iro-schottische Wandermönche beginnen ihre Missionierung auf dem Festland

Mitte 7. Jh. (?) – Disibod kommt mit drei Gefährten zum Disibodenberg

2. Hälfte 7. Jh. – Bewirtschaftung des Disibodenberges (Hütten, Gärten, Weideplätze), Verkündigung des Evangeliums, Taufkapelle am nordöstlichen Fuß des Berges.

700 (?) – Disibod stirbt im Alter von 81 Jahren. Sein Grab wird zur Pilgerstätte.Anfang 8. Jh. – Auf dem Berg wird eine Kirche und klosterähnliche Anlage errichtet.

Um 750 – Bonifatius, Bischof von Mainz, überführt die Gebeine Disibods in die Klosterkirche.

Um 850 – Disibod wird im Martyrologium des Hrabanus Maurus (Mainzer Bischof und Abt von Fulda) erwähnt.

Ende 9. Jh. und Anfang 10. Jh. – In Folge von Fehden und kriegerischen Auseinandersetzungen wird die Klosteranlage geplündert und zerstört (ausgenommen der Grabstätte Disibods!), die Mönche fliehen.

2. Hälfte 10. Jh. – Die Klosteranlage wird unter dem Mainzer Erzbischof Hatto II. aufgelöst.Anfang 11. Jh. – Erzbischof Willigis von Mainz kommt zum Disibodenberg,

gründet ein Kanonikerstift, lässt eine neue Kirche errichten und die Gebäude erneuern. Disibods Gebeine werden in die neue Kirche überführt.

Ende 11. Jh. – Erzbischof Ruthard von Mainz setzt Benediktiner aus dem Mainzer Jakobskloster als Chorherren ein.

1098 – Hildegard wird in einer Adelsfamilie in (aller Wahrscheinlichkeit nach) Niederhosenbach geboren.Anfang 12. Jh. – Unter Abt Burchardt wird mit dem Bau einer neuen dreischiffigen Pfeilerbasilika begonnen (St.-Nikolaus-Kirche). Die Grafenfamilie von Sponheim lässt eine Frauenklause auf dem Disibodenberg errichten.

1106/1112 – Hildegard und Jutta von Sponheim werden zusammen mit einer weiteren jungen Frau in die Frauenklause aufgenommen.

1136 – Hildegard wird Äbtissin des Frauenklosters

1147/48 – Papst Eugen III. beglaubigt auf der Trierer Reformsynode die Visionen Hildegards.

Um 1150 – Hildegard zieht mit zwanzig Nonnen zum Binger Rupertsberg, gründet dort ihr eigenes Kloster.

Um 1240 – Abt Dodechin verfasst die Jahrbücher des Klosters Disibodenberg. Schenkungen machen das Kloster wieder reich und durch Gelehrte, die dort leben, angesehen. Der Disibodenberg ist ein bedeutender Wallfahrtsort.

Mitte 13. Jh. – Eine Fehde zwischen dem Mainzer Erzbischof Siegfried III. und dem Wildgrafen Konrad II. von Kyrburg führt zur Verschuldung des Klosters. Die Benediktiner verlassen es.

1259 – Erzbischof Gerhard von Mainz ersetzt die Benediktiner durch Zisterzienser. Das Kloster blüht wieder auf. Die neue Blütezeit dauert bis etwa 1500.

1504 – Im pfälzisch-bayrischen Erbfolgekrieg wird das Kloster ausgeplündert.1559 – Der letzte Abt, Peter von Limbach, tritt im Zuge der Reformation das Kloster an den Meisenheimer Erbvogt Herzog Wolfgang zu Zweibrücken ab, der der Reformation zugewandt ist und als Landesherr die Glaubensrichtung bestimmt. Peter von Limbach wird evangelischer Pfarrer in Meisenheim.

1631 bis 1639 – Die Spanier unter dem General Spinola versuchen im Dreißigjährigen Krieg (1618-1648) das Kloster durch Benediktiner wieder aufblühen zu lassen.

1802 – Säkularisation (Enteignung von Kirchengütern) in den vier linksrheinischen französischen Departments. Der Disibodenberg geht in französischen Besitz über. Um die französischen Staatsfinanzen aufzubessern, werden Disibodenberg und Kirchengüter versteigert.

1809 – Der Disibodenberg ist Privatbesitz. Die Klosteranlage dient als Steinbruch für Wohnhäuser in Odernheim und Staudernheim.

1842 bis 1844 – Peter Wannemann lässt als Eigner die Ruinen freigraben und die Gebäudereste für Besucher herrichten.

1985 – Das Landesamt für Denkmalpflege Rheinland-Pfalz beginnt mit archäologischen Grabungen und Sicherungsarbeiten.

1989 – Ehrengard Freifrau von Racknitz überführt als private Besitzerin das Gelände in die Disibodenberger Scivias-Stiftung.

Hildegard-Zitate für unterwegs und auch später

Der Himmel auf Erden ist überall, wo ein Mensch von Liebe zu Gott, zu seinen Mitmenschen und zu sich selbst erfüllt ist.

Die Seele ist wie der Wind, der über die Kräuter weht, wie der Tau, der über die Wiesen sich legt, wie die Regenluft, die wachsen macht. Desgleichen ströme der Mensch ein Wohlwollen aus auf alle, die die Sehnsucht tragen. Ein Wind sei er, der den Elenden hilft, ein Tau, der die Verlassenen tröstet. Er sei wie die Regenluft, die die Ermatteten aufrichtet und sie mit Liebe erfüllt wie Hungernde.

In aller Kreatur, nämlich in den Reptilien, Vögeln, Fischen, in den Pflanzen und Fruchtbäumen liegen gewisse geheime Mysterien Gottes verborgen, die weder der Mensch noch irgendeine andere Kreatur weiß noch fühlt.

Sind doch in der ganzen Natur [...] bestimmte verborgene Geheimnisse Gottes verhüllt, die kein Mensch, auch kein anderes Geschöpf, kennen oder empfinden kann, es sei denn, dass es ihm von Gott besonders geschenkt wird.

Auf dieser Welt hat Gott den Menschen mit allem umgeben und gestärkt und hat ihn mit gar großer Kraft rundum umströmt, damit ihm die Schöpfung in allem beistünde. Die ganze Natur sollte dem Menschen zur Verfügung stehen, auf dass er mit ihr wirke, weil ja der Mensch ohne sie weder leben noch bestehen kann.

Die Zitate vom Meditationsweg auf dem Disibodenberg:

Der Mensch existiert gleichsam an einer Wegkreuzung. Sucht er im Licht nach Gottes Heil, so empfängt er dies auch. Wählt er aber das Böse, so folgt er dem Teufel zum Strafgericht.

Gott kann nicht durchsucht und durchsiebt werden nach Menschenart, weil in Gott nichts ist, was nicht Gott ist.

Gott gieße den Menschen die rechte Einsicht ein, damit ihr Name nicht ausgetilgt werde. Denn es ist gut, dass der Mensch sich eines Berges nicht zu bemächtigen sucht, den er nicht von der Stelle rücken kann, sondern er verharre im Tal und begreife allmählich, was er leisten kann.

Alle Geschöpfe haben etwas Sichtbares und Unsichtbares. Das Sichtbare ist schwach, das

Unsichtbare stark und lebendig. Dies sucht der Verstand im Menschen zu erkennen, weil er es nicht sieht. Es sind die Kräfte in den Werken des Heiligen Geistes.

Im Vorwissen Gottes ist alles: das Gute, das Böse und auch der Widerspruch. Gott hat das Gute vollbracht, das Böse zertreten und den Widerspruch zunichte gemacht.

Du bist matt wie eine, die aus dem Haus dessen entlassen ist, der dich erschaffen hat. Warum zweifelst du, als seiest du nicht erlöst? Suche also Gott in der Bedrängnis und im Schmerz deines Herzens, und du wirst leben.

Gott hat den Menschen nach dem Vorbild des Firmaments geformt und seine Kraft mit der Macht der Elemente gestärkt; er hat die Weltkräfte fest in das Innere des Menschen eingefügt, so dass der Mensch sie beim Atmen einzieht und ausstößt, wie die Sonne, welche die Erde erleuchtet, ihre Strahlen aussendet und sie wieder an sich zieht.

O Diener Gottes, der du in vertrauter Freundschaft mit Gott lebst: Hüte dich, das Gute im Geist oder im Werk – so zu tun als stamme es von dir. Schreibe es vielmehr Gott zu, von dem alle Kräfte ausgehen wie die Funken vom Feuer.

Darum preisen dich alle Geschöpfe, die leben aus dir, denn du bist die kostbare Salbe für die gebrochenen Glieder und eiternden Wunden, die du verwandelst in kostbare Gemmen.

Lob sei der Dreieinigkeit! Sie ist Klang und Leben, Schöpferin des Alls, Lebensquell von allem, Lob der Engelscharen, wunderbarer Glanz all des Geheimen, das den Menschen unbekannt, und in allem ist sie Leben.

Über den Autor: Nach der Promotion in Germanistik Unterrichtstätigkeit am Gymnasium und als Dozent für DaF an einer Universität, Förderpreis zum Literaturpreis Ruhrgebiet, Veröffentlichung von Romanen, Reisereportagen. Zahlreiche Publikationen über den Jakobsweg, den der Autor mal mit mal ohne Esel gegangen ist. Allein in den letzten sieben Jahren mehr als 6000 Kilometer zu Fuß durch Deutschland, Frankreich und Spanien.

Website: www.ruediger-schneider.net

,Auf den Spuren der Hildegard von Bingen –
Ein Pilgerweg von Niederhosenbach zum
Disibodenberg', ISBN: 978-3-7412-0604-7,
Norderstedt 2016, 80 S., 9.90 €

Das Buch beschreibt erstmalig einen Pilgerweg
vom höchst wahrscheinlichen Geburtsort der
Hildegard von Bingen zum Disibodenberg, wo
sie vor ihrem Umzug nach Bingen über vierzig
Jahre wirkte und wo der Grundstein zu einer
weltweiten Faszination gelegt wurde. Der Weg
führt vom idyllischen Niederhosenbach auf
prämierten Wanderwegen in mehreren
Etappen zum Disibodenberg an der Nahe,
einem Ort, dem man mehr und mehr eine

geradezu magische Ausstrahlung nachsagt. Angeboten wird auch, mit Start in Idar-Oberstein, eine Variante, die selbstverständlich über Niederhosenbach führt. – Mit zahlreichen Farbfotos und informativem Anhang zu Anreise, Unterkünfte, Öffnungszeiten und mehr.

Rüdiger Schneider: ‚Entlang des Glan – Eine kleine Pilgerreise zum Disibodenberg‘, 2015, 84 S., ISBN 978-3-7357-6122-4, mit zahlreichen Farbfotos

Eine Pilgerreise entlang des Flusses Glan zum Disibodenberg. Auf den Höhenzügen und im

Tal geht es zu Fuß durch eine zauberhafte Landschaft zum Disibodenberg bei Odernheim am Glan. Hier lebte Hildegard von Bingen über 40 Jahre im Benediktinerkloster. Hier begann ihr Wirken. Und auch heute noch ist dort der faszinierende Kosmos mittelalterlicher Religiosität spürbar. Das Buch ist auch eine Zeitreise in Annäherung an den irischen Wandermönch Disibod, der im frühen Mittelalter am Disibodenberg das Fundament legte für einen der bedeutendsten sakralen Orte Deutschlands.